ソフトウェアで学ぶ QCA
Qualitative Comparative Analysis
〈質的比較分析〉入門

中西善信
【著】

中央経済社

はじめに

QCAとはどのような方法か

質的比較分析（QCA：qualitative comparative analysis）は，企業生存，株式上場，不祥事，昇進といったさまざまな事象（QCAでは「結果」（outcome）とよびます）を生み出す条件を，客観性と透明性を担保しつつ抽出する手法です。従来型の定量分析と定性分析のいずれとも異なる方法であり，そして両者の課題を克服する可能性を持っています。

では，QCAはどのような方法なのでしょうか。QCAの特徴を実感していただくために，統計分析の代表ともいえる重回帰分析とQCAを，それぞれが想定するモデル等の観点から比較してみましょう。例にあげるのは，「ブランド生存に及ぼす要因」の探索です[1]。その要因候補として，「デザイン（性）」，「低価格」，「高品質」および「SNS（での発信）」を考えることにします（詳しくは，本書の第2章で取り上げます）。

重回帰分析の場合，基本的に，上記の4要因（説明変数）がそれぞれ個別に「ブランド生存」（被説明変数）に影響すると想定します[2]。複数の要因の組合せによって生じる相乗効果（交互作用）を検討することも可能ではありますが，通常，考慮するのは2要因程度の組合せまでです。

一方のQCAは，以下のような解を出力します[3]。

デザイン*低価格＋低価格*SNS＋デザイン*高品質*~SNS→ブランド生存

ことばにすれば次のとおりです。

---

[1] このような「要因」のことを統計分析では「変数」，QCAでは「条件」とよびますが，ひとまず気にせず読み進めてください。

[2] より具体的には，重回帰分析において上記モデルは次式で表現されます（εは誤差項）。
$$生存 = \beta_0 + \beta_1 \times デザイン + \beta_2 \times 低価格 + \beta_3 \times 高品質 + \beta_4 \times SNS + \varepsilon$$
そして，各回帰係数（$\beta_1, \cdots, \beta_4$）の推定と検定を通じて，4要因のうちいずれがブランド生存に対して有意に影響しているのかを検討します。

[3] 「*」（かつ），「＋」（または），「~」（否定），「→」（ならば）といった記号については，xivページの凡例を参照してください。

> 「デザイン性があり，かつ，低価格」または，
> 「低価格，かつ，SNSあり」または，
> 「デザイン性があり，かつ，高品質，かつ，SNSなし」
> のとき必ず，ブランドは生存する。

　重要なのは，各要因個別の影響ではなく，要因が組み合わさってはじめて結果が生じると考えるという点です。たとえば，上記の1行目「デザイン性があり，かつ，低価格」は，デザイン性や低価格の一方だけでは不十分で，これら両者が組み合わさってはじめてブランド生存につながることを意味します。この「要因の組合せの抽出」こそがQCAの最大の特徴です。3行目「デザイン性があり，かつ，高品質，かつ，SNSなし」は，3つの要素が組み合わさっています。いわば3変数のような多数の変数が掛け合わさった高次の交互作用を検討できるのです。この点は，統計分析にはない魅力であるといえます。

　また，QCAは通常，重回帰分析で必要とされるよりもはるかに小さなサンプルでも実行可能です。上記のようなモデルで重回帰分析を行うには，通常，数百を超えるようなサンプルサイズが必要です。一方，QCAで4要因のモデルを検討する場合，推奨最小サンプルサイズ（Mello, 2021/2023）はN＝16にすぎません。そしてQCAは「Yes/No」「あり／なし」型の2値データも利用可能（むしろそれが原形）です。

　このようにQCAは，統計分析とは異なる特徴を有しています。同時に，統計分析においてモデル適合度や決定係数を考慮するのと同じように，QCAにおいてもさまざまな指標を用いて分析結果を評価します。この点においてQCAは，統計分析になじんだ方々にも受け入れやすい方法だといえるでしょう。

　もちろん，QCAはケーススタディのような従来型の定性研究とも大きく異なります。QCAでは，リッチなデータを深く探索するということはできませんが，因果推論等を，論理学（を用いたソフトウェア）の力を借りて，客観的に行うことができます。

この本のねらい

　QCAについては，経営学その他社会科学において注目度が高まり，研究例

が増え，秀逸な教科書も発行されています[4]。しかし，いずれも，いちばんおもしろいはずの分析プロセスや解の解釈についての解説に進む前に，集合論，論理演算，ブール代数などなど，理論的基盤についての内容を読み込まなければなりません[5]。このあたり，従来の方法論（統計分析やケーススタディなど）のテキストとは，かなり内容・趣向が異なっています。筆者としては，ひととおりQCAについて学んだ今だからこそ，ようやく，これら理論基盤の部分がスムーズに読めていると感じます。

そこまで到達できればよいのですが，中には，本題に入る前にギブアップしてしまった方がいらっしゃるかもしれません。それは実にもったいないことだと思います。QCAは，新たな物の見方・現象の分析方法を提供してくれます。また，最終的にQCAを使うことにならなかったとしても，QCAを学ぶことは，因果推論のあり方その他，研究の考え方に対する理解を深める貴重な経験になります。

QCAからは離れますが，理論的基盤を後回しにしてでもまずは慣れることを優先したほうがよいと思われる例をあげましょう。

マイナスとマイナスを掛けるとプラスになる，たとえば，$(-1) \times (-1) = 1$ となることは中学校で学びましたよね。しかしそのとき，先生の説明が腹に落ちた人はそれほど多くないでしょう。それどころか，$(-1) \times (-1) = 1$ を厳密に証明できる人は，数学を専攻した人以外ほとんどいないと思われます。しか

---

[4] QCAを用いた研究例については，第6章［Q23］（198ページ）を参照してください。
[5] 集合論，論理学，およびブール代数（ひとことでいえば，0と1しか数がない世界を想定した数学）は，それぞれ，集合，条件，数といった，異なるがしかし密接な関係にある概念を扱っています（Mello, 2021, Table 3.2/2023, 表3.2）。これらの理論はいわば三位一体の関係にあります。それらの中で，QCAは本質的に論理学に依拠する分析手法だと筆者は考えます。たとえば十分条件や必要条件といったアイディアは論理学に由来しています。その上で，集合論やブール代数は，複雑な論理関係を解きほぐしたり，その様相の数値化・評価を行ったりするためのツールだと考えます。本来，集合論・論理学・ブール代数は異なる対象を扱うものであり，用語等も（相当程度対応関係にありながらも）別概念として定義されています。しかし本書では，対応する語の多くを厳密に区別せず，誤解を生じない範囲であえて「あいまいに」使用しています。
　なお，集合や論理の考え方については大村（2014）が平易にかつおもしろく説明しています。

し一方で，多くの方は，何も考えずマイナスとマイナスを掛けてプラスの符号を付け，それどころか，もはやそれが当たり前と思っていらっしゃることでしょう。

このように，厳密な意味付けや定義は後回しにしてもおおよそのことは理解できるし，逆に，何となく使っているうちに厳密な話も理解できるようになってくる，そんなことがよくあります。QCAもそうだと筆者は考えます。

こういったことから，厳密な説明は後回しにしてでも，まずはおもしろさを知ってもらう，その上で「じゃあ，その背景を学んでみよう」と思わせる，そういったねらいでこの本を書くことにしました[6]。

執筆において重視したのは以下の2点です。第1に，序盤での理論的説明は最小限にとどめ，詳細な説明は後回しにしました。いちど分析プロセスを回してからのほうが，「何をやっているのか」，「どうしてこういう判断をするのか」といったポイントについての理解が促進されると考えたからです。「$(-1) \times (-1) = 1$」の証明のような話は後回しです。このため，公開ソフトウェア（fs/QCA）（Ragin & Davey, 2022）を用い，分析例をいっしょに体験します。そのためのデータも用意し，中央経済社のサイトからダウンロードできるようにしました。

第2に，より高度な内容は他のテキストに譲ることとしました。このテキストを読了した読者であれば，他の日本語版テキスト，（Mello, 2021/2023；Rihouex & Ragin, 2009/2016；田村，2015）もある程度無理なく読めるようになると思います。いわば本書は，「入門へのアプローチ」となる内容に特化し，「QCA道」のスタート地点にお連れすることを目的としました。本書を読み終えて「ちょっと物足りない」と感じてもらえれば本望です。

---

[6] 多数のステップからなる一連のタスクにおいて，仕上げの部分からやらせて達成感を実感させる「バックワードチェイニング」（たとえば，舞田・杉山，2008）の方法を参照しています。たとえば，なかなか新規契約を取れない新人営業マンに，まずは契約締結（クロージング）段階を担当させて自信を持たせたり，ゴルフでビギナーにまずはパットでカップインの喜びを味わわせたりするような方法です。

はじめに　v

想定する読者

このように本書は，読者として，QCAをこれから学ぼうとする研究者，大学院生，そして学部生を想定しています。QCAに関する予備知識は不要です。スキルとしては，一般的なパソコン操作ができる程度（Microsoft Excelで簡単な表計算が可能なレベル）で大丈夫です。数学については，かつて高校1年生くらいで習った内容（基本的な集合の考え方）が出てきますが，復習しながらともに進みましょう。QCAは「集合論的方法」（set-theoretic approach）であると一般にいわれますが，そんな大それたものではありません。せいぜい「集合の考え方を活用した方法」あるいは「集合の演算を用いた方法」にすぎません。名前に惑わされないでください。

なお，本書は，筆者のホームグラウンドである経営学から，多くの例を取り上げています。しかし，考え方や分析方法は，その他の研究領域においても，基本的に共通です。

本書の構成

本書の構成は以下のとおりです。

本題に入る前に，凡例（xivページ）にて，本書で使用する記号の意味について説明します。次に，分析作業で用いるソフトウェアおよびデータファイルのダウンロード先リンクを示します（xiiページ）。

その上で，第1章ではまず，QCAとはどのような方法かについて説明します。最初にQCAによる分析のおおまかな流れをお見せし，その上でQCAの特徴について説明します。

第2章では，QCAのオリジナル版であるクリスプ集合QCA（csQCA）の分析手順を説明します。ここでは読者のみなさんにも，フリーソフト（fs/QCA）を使って，テキストと同じ分析を体験していただきます。第2章での分析を通じて，「どうしてこのような入力をするのだろう」とか「この出力はどのような意味を持つのだろう」といった疑問がいくつも生じてくるはずです。しかし，第2章では，とにかくQCAの分析の流れを体感してもらうため，理論的な説明を最小限にとどめています。

そして詳細な説明は，次の第3章で行っています。ここでは，分析途中で行

わなければならないさまざまな判断において参照したり，分析結果を評価したりするための指標や基準，その他QCAにおいて重要な概念について説明しています。第3章までで，csQCAによる分析の流れを一とおり理解し，csQCAを用いた研究論文を読めるようになるはずです。

次にいよいよファジィ集合QCA（fsQCA）に進みます。第4章では，fsQCAによる分析プロセスを説明します。その基本的な考え方やフローは，csQCAとかなり共通しています。

次の第5章では，ファジィ集合の基本的な考え方や，その演算について説明します。また，第3章で（csQCAを題材として）説明したさまざまな概念（評価指標等）のfsQCA版について説明します。

第5章までで，csQCAとfsQCAの基本的な考え方は網羅しました。その上で第6章では，「よくある質問」を，一問一答形式で示しています。その際，可能な限り，根拠となる既存文献を示すようにしていますので，より深く学びたい方は，それらの文献にあたってください。

本書は，「分析ステップを体験することが，アプローチ全体やその背景となる考え方の理解につながる」との考えのもと，分析ステップを中心に説明しています。

しかし，研究アプローチとしてのQCAは，ソフトウェアを用いた分析作業だけを指すわけではありません。データ収集，モデル決定，事例選択，条件および結果の概念化といった多くのステップが含まれます（Schneider & Wagemann, 2010）。本書においてもこれら各ステップについて必要な説明を行っていますが，より詳しく知りたいという方も多いでしょう。そのときはぜひ，Mello（2021/2023）他のテキストに進んでください。さまざまな概念等について，以前よりも自然に理解できるようになっていることでしょう。

本書を読み終えて，QCAをもっと学びたい，使ってみたいと思っていただけることを願っています。

謝辞

ここで，本書執筆・上梓にあたりお世話になった方々にお礼申し上げたいと

思います。

　そもそも筆者にQCAの存在を教えて下さったのは、高尾義明先生（東京都立大学）です。高尾先生にはいつも何かの鍵となるヒントをいただいており、感謝の念に堪えません。

　そして、前任校の同僚であった藤田泰昌先生（長崎大学）には、QCAに関する生きた知識を数多く授けていただきました。あらためて感謝申し上げます。

　高橋史早先生（小樽商科大学）、林麗桂先生（長崎大学）、小野寺美希子先生（日本医療大学）、そして松尾睦先生（青山学院大学）からは、原稿に対して多くの有用なコメントをいただきました。いただいたコメントはいずれも、筆者が独善に陥らないようにする上で貴重なものでした。

　チャールズ・C・レイガン（Charles C. Ragin）先生からは、本書紙面上でのfs/QCAソフトウェア画面コピーの使用を許諾いただきました。深くお礼申し上げます。

　そして本書は、阪井あゆみ氏（中央経済社）とのご縁の賜物です。大学で論理学を専攻された氏の支えなくして本書は生まれませんでした。また、氏との知的な対話を通じて本書執筆にむけて多くのインスピレーションを得ました。

　さいごに、いつも研究活動を温かく見守ってくれている妻かおるに感謝します。

　このように多くの方々のおかげで本書上梓に至ることができたのですが、いうまでもなく、ありうべき誤謬はすべて筆者の責任に帰するものであります。

2024年8月

中　西　善　信

目　次

はじめに・i
目　次・viii
本書で使用するソフトウェアおよびトライアル用データファイルのダウンロードについて・xii
凡　例・xiv

第1章　QCAとはどのような分析方法なのか？ ── 1

  1.1　QCAとは　1
  1.2　QCAによる分析の流れ　4
  1.3　従来型手法の前提と課題　8
  1.4　QCAの特徴：従来型手法の課題に関連して　11
  1.5　QCAに適した問いと分析対象　26
  1.6　QCAと因果推論　26
  1.7　QCAの種類　27

第2章　csQCAでYes/No型データを分析する ── 31

  2.1　csQCAを用いた研究のフロー　32
  2.2　「条件」と「結果」の選定　35
  2.3　データ収集とキャリブレーション　35
  2.4　分析準備　36
  2.5　必要条件分析　42
  2.6　十分条件分析　46
  2.7　真理値表と分析結果の保存　67
  2.8　結果の報告：QCA論文での結果の書き方・読み方　68

第3章　csQCAの考え方：分析指標と解の種類 ── 73

　3.1　必要条件に関する指標　73
　3.2　十分条件に関する指標　80
　3.3　十分条件の解の種類　84

第4章　fsQCAであいまいなデータを分析する ── 101

　4.1　fsQCAを用いた研究のフロー　101
　4.2　「条件」・「結果」の選定，データ収集，キャリブレーション　103
　4.3　分析準備　106
　4.4　必要条件分析　108
　4.5　十分条件分析　110
　4.6　XYプロットの描画　126
　4.7　真理値表と分析結果の保存　133
　4.8　結果の報告：結果の書き方・読み方　134

第5章　fsQCAの考え方：ファジィ集合と分析指標 ── 135

　5.1　ファジィ集合　136
　5.2　属性値　137
　5.3　準備：クリスプ集合の演算　139
　5.4　ファジィ集合における演算　146
　5.5　fsQCAの分析結果指標：整合度・被覆度・その他　158

第6章　実践のためのQ&A ── 179

　6.1　研究計画段階　180
　　6.1.1　手法の選択　180
　　　［Q1］大規模サンプルを用いたQCAは，統計分析の代わりにな

[Q2] 統計分析を行うつもりでしたが，十分なサンプルが取れませんでした。そこで，QCAを使って分析しようと思いますが，よいでしょうか？

[Q3] QCAを使えば事象の因果メカニズムを明らかにできるのでしょうか？

[Q4] csQCAとfsQCA，どちらを選ぶべきでしょうか？

6.1.2 条件（候補）の選択　182

[Q5] 分析に投入する条件はどのように選択すればよいでしょうか？

[Q6] 多くの条件の影響を検討したいです。条件は最大いくつ投入できますか？

[Q7] 条件が多すぎてはいけないということはわかりました。では，投入する条件を減らす（選ぶ）には，どうすればよいですか？

[Q8] 条件を絞り込む上で，どのようにMDSO/MSDOが適用できるのでしょうか？

[Q9] 統制変数（に相当する条件）を投入する必要はないのでしょうか？

6.1.3 サンプリング（事例の選択）　186

[Q10] QCAにはどのようなサンプリング方法が適していますか？

[Q11] どの程度の事例数が必要でしょうか？

6.2 キャリブレーション　188

[Q12] csQCAにおいて，条件や結果のキャリブレーション（0 or 1 の値付け）を行う際，何に気を付ければよいでしょうか？

[Q13] QCAにおいて，連続尺度の値を，結果あり／なし（0／1）の2値（csQCAの場合）や，4値など（fsQCA）に変換することは可能でしょうか？

[Q14] fsQCAにおいて，リッカート尺度（4件法）などで得た値を，機械的に変換して，条件や結果の属性値としてよいでしょうか？

6.3 十分条件分析　190

[Q15] （「結果あり」の判断における）度数基準とは何ですか？

　　　　　　　　　　　具体的にはどのような値が適用されますか？
　　　　　　　[Q16]（「結果あり」の判断における）整合度基準とは何ですか？　具体的にはどのような値が適用されますか？
　　　　　　　[Q17] PRIとは何ですか？（「結果あり」の判断において）具体的にはどのような値が適用されますか？
　　　　　　　[Q18] 複雑解，中間解，最簡解のうち，結局のところ，どれを用いるべきでしょうか？
　　　6.4　必要条件分析　194
　　　　　　　[Q19] 必要条件分析を行う意義は何でしょうか？
　　　　　　　[Q20] 必要条件の整合度は，どの程度必要でしょうか？
　　　　　　　[Q21] 取るに足りない（trivial：些細な）必要条件とはどのようなものでしょうか？　またその「取るに足りなさ」をどのように判断すればよいでしょうか？
　　　6.5　その他　196
　　　　　　　[Q22] INUS条件・SUIN条件とは何ですか？
　　　　　　　[Q23] QCAを用いた実証研究には，どのようなものがありますか？
　　　　　　　[Q24] QCAについてさらに学びたい場合，何を参照すればよいでしょうか？

補論A：解式の最小化の考え方　203
補論B：fsQCAにおける各事例の条件構成への割り当て　206

参考文献・211
索引・217

コラム
　十分条件と必要条件　20
　十分条件を検証するために何を確認すべきか　23
　条件の選定　35
　csQCAか，それともfsQCAか　103
　PRIについての補足　118
　fsQCAの整合度とcsQCAの整合度の関係　164

本書で使用するソフトウェアおよびトライアル用データファイルのダウンロードについて

　本書で使用するソフトウェアおよびトライアル用データファイルは，それぞれ以下よりダウンロードできます。

●fs/QCAソフトウェア

　本書では，チャールズ・C・レイガン先生らが開発した「fs/QCA」ソフトウェア（Ragin & Davey, 2022）のWindows用バージョンを使用します。下記URLからダウンロードし，解凍してください。インストール作業は不要です。なお，fs/QCAソフトウェアには，Windows版の他，Mac版も公開されています（同じサイトからダウンロード可能です）。

URL： http://sites.socsci.uci.edu/~cragin/fsQCA/software.shtml

●Visual Studio

　Windows版fs/QCAのバージョン4.1を使用するために，お使いのパソコンに，Visual Studio 2022用の「Redistributable file」をインストールする必要が生じる場合があります。その場合は，下記のURLよりダウンロードし，インストールしてください。

URL： https://visualstudio.microsoft.com/ja/downloads/

●トライアル用データファイル

　本書では使用するトライアル用のデータファイルは，中央経済社「ビジネス専門書オンライン」の本書の販売ページよりダウンロードしてください。

URL： https://www.biz-book.jp/isbn/978-4-502-51301-5

　その他，WEBブラウザーで「中央経済社」「ビジネス専門書オンライン」「QCA」で検索する，あるいは中央経済社の「ビジネス専門書オンライン」にアクセスし，トップの検索ボックスに「QCA」と入力して検索しても，同じページが表示されるでしょう。

凡　例

本書で使用している記号の意味は以下のとおりです。

▶論理演算に使用する記号
　　* 　論理積（かつ／AND）
　　　ある条件AおよびBに対し，「A*B」は，「AかつB」を意味します。文献によっては，「AかつB」を，「A×B」や，演算子を省略して「AB」で表すこともあります。
　　+ 　論理和（または／OR）
　　　ある条件AおよびBに対し，「A＋B」は，「AまたはB」を意味します。
　　~ 　否定（○○でない／NOT）
　　　ある条件Aに対し，「~A」は，「Aでない」を意味します。なお文献により，Aの否定を，「a」（小文字）や「$\bar{A}$」などで表すこともあります。
　　→ 　ならば
　　　ある条件AおよびBに対し，「A→B」は，「Aならば（必ず）B」を意味します。このときAはBの十分条件となっています。

▶分析結果（解）の表記（星取表）に使用する記号（Ragin & Fiss, 2008）
　（関連：図表1.4，図表1.5，図表2.18，図表3.14，図表3.15，図表3.16，図表3.17）
　　● 　条件「あり」
　　⊗ 　条件「なし」

第1章

QCAとはどのような分析方法なのか？

> **ねらい**
>
> 　この章では，イントロダクションとして，QCAとはどのような研究方法なのか，その分析の流れや特徴について説明します。その際，統計分析等，従来から広く使われてきた研究方法との考え方や「できること」の違いについて説明します。また，QCAの種類についても紹介します[1]。
>
> 　ただし，難しい話は後回しにして，必要不可欠な部分，そして，QCAの魅力を伝えられる部分に特化したいと思います。細部の理解に至らずとも，全体イメージをつかんでいただければ十分です。また，早く分析方法を知りたいという方は，本章を後回しにして，先に次章に進んでいただいてもかまいません。

1.1　QCAとは

　質的比較分析（QCA：qualitative comparative analysis）とは，どのような分析手法でしょうか。QCAで何ができるのでしょうか。

　例に沿って考えてみましょう。たとえば，「スポーツブランドが成功する要因」を知りたいとき，その抽出にQCAを使うことができます。特に，単一の要因すなわち条件（ここからはQCAらしく「条件」という用語を使います）ではなく，条件の組合せに着目します。

　具体的には，図表1.1のように，スポーツブランドA〜Eをサンプルにとり，成功の条件を探ります。ここでは，「デザイン性」，「伝統」，「新しさ」および

---

[1] 本章の内容の一部は，中西（2023）によるものです。

「低価格」が成功につながる条件の候補とみて，調査しました。各属性について○は「あり」，×は「なし」を示します（もちろん，何をもって「成功」とするのか，デザイン性ありとはどのような状態をいうのか等，各属性の「あり」あるいは「なし」の判断に関する客観的な基準の設定が必要です）。

図表1.1｜スポーツブランド（架空例）

ブランド	デザイン性	伝統	新しさ	低価格	成功
有名ブランドA	○	○	×	×	○
新興ブランドB	○	×	○	×	○
カジュアルブランドC	×	×	○	○	○
元名門ブランドD	×	○	×	×	×
ノンブランドE	×	×	×	○	×

たとえば，最上段の有名ブランドAの場合，「デザイン性あり」，「伝統あり」，「新しさなし」，そして「低価格でない」といった調査結果が示されています。

ここで単一の条件，「デザイン性」に注目すると，ブランドAとBは「デザイン性あり」であって「成功」，ブランドDとEは「デザイン性なし」で「成功なし」なので，なんとなく，デザイン性は成功につながりそうです。しかし，「低価格」に着目すると，低価格ブランド2社中，「成功」と「成功なし」がともに1社，逆に低価格でないブランド3社中，「成功」2社と「成功なし」が1社となっていて，結果が拮抗しています。低価格だけでは成功の条件とはいえなさそうです。

ここでQCAは，個別の条件ではなく，条件の組合せに着目します。上記の例では明確でありませんが，複数の条件が組み合わさったとき，ある単一条件が，結果につながったり逆の影響を及ぼしたりします。

結論を先取りして分析結果の一例を示すと，図表1.1のようなデータについて，「成功」につながる条件は，

「デザイン性があり，かつ，伝統がある」または，

「デザイン性があり，かつ，新しさがある」または，

「新しさがあり，かつ，低価格」
となります[2]。

　こうしてQCAでは，与えられたデータ（図表1.1のようなもの）から，上記のような「条件」を抽出します。そして，複雑に絡み合った原因条件を解きほぐすのを助けてくれます。

　同様に，「新規に立ち上げたベンチャー企業が10年後に生存している条件」の抽出にQCAを使うことができます。このため，たとえばベンチャー企業20社について，「潤沢な資金の存在」，「カリスマ起業者の存在」，「同業他社での従事経験」，「首都圏の本社の存在」などの属性（条件）の有無を調査し，どの属性が結びつくと「10年生存」につながるのかを検討することができます。

　さて，QCAとはどのような方法でしょうか。ひとことで表現すれば，QCAとは，「事例が持つさまざまな属性（条件）の事例間比較を通じて，ある『結果』を生じさせる『属性（条件）の組合せ』を抽出する方法」といえます。ここで，「事例」として，個人，企業，ブランド，国など，さまざまな分析単位を考えることができます。比較対象となる「属性」（QCAでは，「条件」とよびます）としては，基本的に質的な属性を取り上げます。連続変数を観測することもありますが，分析に先立ちその変数を質的な相違に変換します。これが，「質的比較分析」という名称中の「質的」の意味です。また，「質的比較分析」の名称中の「比較」とは，さまざまな属性を「事例間で比較」することを指しています。こうして，どの属性（の組合せ）が，「アパレルブランドの成功」や「ベンチャーの生存」といった「結果」を生んだのかを明らかにすることを目指します。

　QCAは，高校数学程度の集合演算を活用します。ただし，これを暗算や筆算，表計算ソフト等で行うことは困難です。このため，専用のソフトウェアを使用するのが一般的です（操作の容易なフリーソフトが公開されています）。

---

[2] ここで示した分析結果は，「十分条件」すなわち「この条件が満たされるとき，必ず結果が生じる」という条件（解）を示しています。十分条件については20ページのコラムを参照願います。また，解にはいくつかの種類がありますが，ここでは，「中間解」という解を示しています。詳しくは第3章3.3節で説明します。

なお，QCAに用いるデータとしては，「あり（1）」or「なし（0）」の2値データが原形です。「質的」というと，深掘り型の事例分析（in-depth case study）のように，リッチなデータを深く探索する研究法をイメージされることが多いと思われます。しかしQCAではこのような「リッチなデータ」を使うわけではありません。

ただし近年は，「あり」と「なし」の間の「どちらかといえば，あり」，「どちらかといえば，なし」などの状態も考慮する，ファジィ集合QCA（fuzzy-set qualitative comparative analysis：fsQCA）を適用した研究も増えています。

また，「ケーススタディよりも大きく，統計分析よりも小さい」サイズのサンプルの扱いも得意です。このため，「都道府県」，「歴代首相」などを分析単位とした研究にも適用可能です。

1.2　QCAによる分析の流れ

理論的な説明に入る前に，QCAではどのようなデータを用い，それをどのようなプロセスで処理し，どのようなアウトプットが得られるのかを説明しましょう[3,4]。

図表1.2は，「仕事に対する動機付け（モチベーション）が生まれる条件」に関する架空の研究の流れと結果を示しています。最上部（①）は，調査結果をまとめた表です。ローデータ行列（raw data matrix）やデータ行列（data matrix），データ表（data table）などとよばれます。ロー（raw）は，加工前あるいは料理前の「生の」素材みたいな意味です。この①ローデータ行列の各行（row[5]）

---

[3] 用語の詳細な定義や意味については，後ほど詳しく説明します。ここではまず，どのような流れで何を行い，どのようなアウトプットが得られるのか，なんとなくわかっていただければ十分です。また，途中の細かい条件設定等のステップは省略しています。なお，ここで示したのは「十分条件」すなわち「○○なら，必ず△△になる」という関係の中での「○○」に相当するものの探索のプロセス（十分条件分析）です。QCAではこのほか，「△△であるためには必ず○○でなければならない」という関係の中での「○○」すなわち「必要条件」の探索も行いますが，ここでは省略しています。

[4] QCAを用いた研究例については，第6章［Q23］（198ページ）も参照してください。

[5] この"row"は，表あるいは行列の中での「行」という意味で使っています。直上の「生の」を示すrawとは異なります。

図表1.2 | QCAの分析手順イメージ

① ローデータ行列

事例ID	給与	福利厚生	仕事そのもの	人間関係	動機付け
A	○	○	×	×	○
B	○	×	×	×	×
C	×	×	○	○	○
D	○	×	○	○	○
E	×	×	○	○	○
F	×	×	○	×	×
⋮	⋮	⋮	⋮	⋮	⋮

↓

② 真理値表

条件構成	給与	福利厚生	仕事そのもの	人間関係	動機付け	事例ID
1	×	×	○	○	○	C, E, …
2	○	○	×	×	○	A, …
3	○	×	○	○	○	D, …
4	○	×	×	×	×	B, …
5	×	×	○	×	×	F, …
6	×	×	×	×	?	(なし)
⋮	⋮	⋮	⋮	⋮	⋮	⋮

↓

③ 解(「動機付け」を生む十分条件)

「仕事そのものにやりがいがあり,かつ,人間関係が良好」,または,
「給与がよく,かつ,福利厚生が充実」のとき,
必ず,動機付けが生まれる。

は，各「事例」すなわちA氏，B氏，…に対応しています。一方，各列は，左から，各事例ID（氏名）と，各事例について測定（調査）された属性（5項目）を示しています。ここでは，各属性「あり」を○で，「なし」を×で示しています[6]。

たとえばA氏は，「給与」は○（あり），「福利厚生」は○（あり），「仕事そのもの」は×（なし），「人間関係」は×（なし），「動機付け」は○（あり）です。言い換えると，A氏の仕事（職場）は，給与が高く，福利厚生が充実，仕事そのもののおもしろさはなし，職場での人間関係はよくなく，仕事への動機付けは実感しているという状況です。

ただし，氏名を除く他の5属性のうち，最右列の「動機付け」は，分析において「結果」（outcome）として扱われる変数を示しています。重回帰分析における被説明変数（従属変数）のようなものです。それに対し，それ以外の4属性，すなわち，給与，福利厚生，仕事そのものおよび人間関係は，当該結果すなわち「動機付け」に影響しうる条件（condition）を示しています。重回帰分析における説明変数（独立変数）のようなものです。なので，これら4属性と「動機付け」は位置付けが異なります。図表1.2の①ローデータ行列において「動機付け」のみ網掛けにしたのは，そのような意味を反映したものです。データは質問紙調査（アンケート）で集めることもあれば，面接調査（インタビュー）で集めたデータを「1」（「あり」の意）または「0」（「なし」の意）に変換して使用することもあります。

QCAではまず，このローデータ行列を②の**真理値表（truth table）**に変換します[7]。手作業で行うことも難しくありませんが，ツールに処理してもらうこと

---

[6] 実際の分析では，「あり」，「なし」をそれぞれ「○」，「×」ではなく「1」，「0」で表現します。なお，ローデータ行列は統計分析においても作成されますが，統計分析とQCAではその視点が異なります。田村（2015）による，統計分析はこの行列を縦（列）で眺め，QCAはこれを横に眺める，という表現は，両者の違いを見事に示しています（今はそうでなくても，いずれそう実感できるようになります）。すなわち，統計分析が各変数の分散に着目する変数指向アプローチであるのに対し，QCAは本来，各事例における条件構成（条件の組合せ）に着目する事例指向アプローチ（Marx et al., 2012）なのです。ただし東（2022, p. 212）によれば，経営学およびその関連分野において，「単独事例の事例内知識を因果推論に用いることはせず，事例間比較と事例の類型レベルでの概念的知識」を重視する「条件指向のQCA」の適用が増加しています。

が一般的です。ローデータ行列の各行が1事例（A氏，B氏…）に対応するのに対し，真理値表の各行は，各条件（給与，福利厚生，…）の組み合わせすなわち「条件構成」を示します。この例の場合，条件構成1は，「給与」は×，「福利厚生」は×，「仕事そのもの」は○，そして「人間関係」は○という条件の組合せを示しています。そしてC氏，E氏，その他がこの条件構成に該当しています。条件構成6のように，観測データが存在しない条件構成（行）が生じることもあります。これは「論理残余」（logical remainder）とよばれ，めずらしいことではありません。

　真理値表により，各条件構成にどのように事例が分布しているかを把握することができます。真理値表は，ここから続く分析の重要な材料であると同時に，正確な表現ではありませんが，統計分析における記述統計のようにデータの要約を示す役割も担います。

　そしていよいよ，ツールを用いて真理値表の内容を変形（最小化）し，③の「解」（solution）を得ます。ここでは，「『仕事そのものにやりがいがあり，かつ，人間関係が良好』，または，『給与がよく，かつ，福利厚生が充実』のとき，動機付けが生まれる」という解（結論）が得られました。

　ただし，これらのプロセスは自動ではありません。ここでは省略しましたが，分析途中において分析者は，結果に影響しうるいくつかの判断を下したり，追加的情報をインプットしたりしなければなりません。このためには，分析対象に関する十分な知識が必要になります。

　続いて，論文執筆時には，こうして得られた解の妥当性を示す指標を検討したり，解の持つ意味を解釈したりします。

　第2章や第4章ではこのような分析の方法や注意点，結果の記述方法等をより詳細に説明しますが，おおまかな流れは上記のとおりです。

7　真理値表（truth table）は，「真理表」ともよばれます。真（true：1）か偽（false：0）を示す表という意味で，「真偽表」とよぶこともあります。

1.3　従来型手法の前提と課題[8]

前節では，QCAでどのようなステップを踏んでどのような結果を得るのか，おおまかに説明しました。次に，QCAの特徴すなわちQCAがどのような問いやデータに適しているのかを説明したいと思います。

ただし，QCAの長所（および短所）の説明に先立ち，本節では，これまで経営学等において広く用いられてきた手法，すなわち定量研究（量的研究）と定性研究（質的研究）の特徴を振り返ります。より具体的には，定量研究（その代表としての統計分析）と定性研究の双方がおく前提，ならびにそれらの方法論上および適用上の課題について整理します。これによって1.4節で説明するQCAの特徴がより明確になると思われるからです。

1.3.1　定量研究の前提と課題

ここでは，定量研究の代表的方法である統計分析，中でも線形回帰を例に，その特徴を整理してみます。

第1に，線形回帰は，一般に，因果対称性を想定しています（Fiss, 2011）。因果対称性とは，被説明変数に正の影響を及ぼす説明変数の場合，その値が大きいほど被説明変数の値は大きくなり，逆に説明変数の値が小さいほど被説明変数の値も小さくなる，そんな状況です。そして，QCA的な言い方をすれば，結果「あり」につながる条件がないときには結果「なし」が生じると想定します。たとえば，「昇進→モチベーション向上」（昇進するほどモチベーションが上がる）のモデルにおいては，同時に「昇進なし→モチベーション低下」（昇進しないとモチベーションは下がる）の関係も想定されています。論理学的にいえばこれは，「『PならばQ』の関係が存在するときに『PでないならばQでない』も成り立つ」と考える，すなわち裏命題の真偽が元の命題の真偽と一致すると想定しているようなものです[9]。しかし論理学的に見れば，この想定は，必ずし

---

[8] まず手法をマスターしたいという方は，1.3節と1.4節をいったんスキップして先に進んでもかまいません。むしろ第2章の分析を体験してからのほうがこれらの節の内容をスムーズに理解できるでしょう。

も正しいとはいえません。

　また，組織や社会の様相において因果対称性が常に成り立つとは限りません。Fiss（2011）は，因果非対称性の視点を持つ，すなわち，ある結果を生じさせる条件とその結果を生じさせない条件は別物と考えることも重要だと述べています[10]。しかし，統計分析は，因果非対称性の取り込みという点において万能とはいえません（Fainshmidt et al., 2020）。

　第2に，線形回帰は基本的に，各説明変数の影響は相互独立であるという「加法性」を想定しています。すなわち，複数の変数の影響は各変数単独の影響の和であると想定するのが基本形です。たとえば，図表1.1であげた条件を変数とするような重回帰分析を行う場合，「デザイン性と伝統が生存に及ぼす影響」は，「デザイン性が生存に及ぼす影響」と「伝統が生存に及ぼす影響」の単純和であるとの考えが根底にあります。

　もちろん，統計分析において，交互作用を考慮する，すなわち複数の説明変数による相乗効果（シナジー）をモデルに組み込むことも不可能ではありません。しかし，3次以上の交互作用（3つ以上の説明変数による高次の相乗効果）ともなると，たとえモデルに組み込めたとしても，その効果を解釈することはきわめて困難となります（Fainshmidt et al., 2020；Fiss, 2007, 2011）。原因条件（説明変数）の交絡的影響（conjunction）の分析が困難という言い方もできます。

　第3に，線形回帰は，「先行条件が異なれば結果が異なる」，すなわち説明変数の値が異なれば被説明変数の値は異なると考えます。この推論は一見自然ではありますが，現実には，全く異なる状況が同じ結果につながることがありま

9　命題「P→Q（PならばQ）」に対し，「Q→P」を逆命題，「~P→~Q（PでないならQでない）」を裏命題，「~Q→~P（QでないならPでない）」を対偶命題といいます。なおここで，→は「ならば」を，~は「否定」（NOT）を示します。
　　ところで，元の命題と対偶命題は常に真偽が一致します。しかし，逆命題や裏命題の真偽が元の命題の真偽と一致するとは限りません。詳しくは後ほど，QCAの基礎となる論理や集合の説明において説明します。

10　因果非対称性をふまえ，ある結果を生じさせる条件と，その結果を生じさせない条件の双方を抽出した研究の例に，Tóth et al.（2017）があります。この研究は，Relational Attractiveness of the Customer（RAC）すなわち「既存顧客と取引を続けたいと思うような，サプライヤー側マネジャーの，顧客に対する態度」について検討しました。そして，「RACを生じさせる十分条件」と「RACを生じさせない十分条件」の双方を抽出しました。分析結果をみると，後者は前者の「否定」とは大きく異なるものとなっています。

す。たとえば，先ほどの架空例のように，「やりがいと人間関係」や「給与と福利厚生」といった全く異なる状況（条件構成）が等しく動機付けを高めるといった様相は珍しくありません。すなわち，「異なる初期条件と異なるパスから同じ結果にたどり着くことがある」(Katz & Kahn, 1966, pp. 28-29, 筆者訳出) のです。このような性質は**等結果性**（equifinality）とよばれます。等結果性は経営学研究において注目度が高まってきています (Fiss, 2011)。しかし，2次関数的な関係を考慮した逆U字型モデルのような例はあるものの，回帰分析の多くの手法は等結果性に対応したものとなっていません (Fiss, 2007)。

　第4に，線形回帰を含む統計分析には基本的に大規模サンプルが必要です。モデルにもよりますが，十分なサンプルサイズがないと，仮説を有意なものとして支持することができません。すなわち，実際は存在する変数間の関係を見過ごしてしまう，第Ⅱ種過誤を犯しやすいといえます[11]。

1.3.2　定性研究の前提と課題

　前項では定量研究の基本的な考え方と限界について触れました。では，定性研究はどうでしょうか[12]。

　De Meur et al. (2009) は，従来の定性研究の課題として，観察された現象間の因果関係の説明が厳密さを欠き，主観的過ぎるという点をあげています。もちろん因果推論の透明性・厳格性・客観性を担保するための手法も開発されています。しかし，その適用法が不適切であったり，そもそも研究デザインが不適切であるような研究もあります。その典型が，ある結果が生じた事例を調査してその共通点を抽出し，それこそが結果を生じさせた原因（十分条件）だと主張する研究です。

　有名な『エクセレント・カンパニー』(Peters & Waterman, 1982) を例にとり，

11　第Ⅱ種過誤 (Type II error) は，統計学用語の1つです。誤解を恐れず単純化していえば，「ある事実や法則が存在するのに，それを見落としてしまうこと」をいいます。これに対し，第Ⅰ種過誤 (Type I error) は，「存在しない事実や法則が，存在しないにもかかわらず，存在すると早とちりしてしまうこと」をいいます。正確な定義は，統計学のテキストを参照してください。

12　定性研究にもさまざまな手法がありますが，ここでは，ごく一般的なケーススタディ（事例研究）やグラウンデッドセオリーアプローチ等をイメージしていただければ十分です。

この点を検討してみましょう。この研究は，成長率，収益率等の複数の基準で抽出した優良企業を調査し，それら企業の共通点から，高業績をもたらす条件を探ろうとしたものです。その結果，共有された価値観すなわち組織文化をもって成員をコントロールし，これが高業績の源泉となっていると述べています。この研究は，業績向上に対して組織文化の果たす役割に関して，人々の直観的共感を呼びました（北居，2014）。しかしその一方で，方法論その他の面で多くの批判を呼び起こしました。その1つが調査デザインの問題に対する批判です。すなわち，超優良企業（エクセレント・カンパニー）のみの調査からこれらの共通の特質を抽出した一方，選ばれなかった（エクセレントでない）企業がこれらの特質を持っていないかが不明だというものです（北居，2014）。たとえば，エクセレント・カンパニーの特徴として抽出された要素に「行動重視」や「顧客密着」があります。しかし，エクセレントでない企業がこれらの特徴を有していてもおかしくありません。論理的には，「顧客密着→高業績」（顧客密着ならば必ず高業績）であるためには，「高業績でない→顧客密着でない」（高業績でない企業はすべからく顧客密着していない）という対偶命題が成り立たなければなりません。しかし『エクセレント・カンパニー』(Peters & Waterman, 1982) においてその検証はされていません[13]。本書はQCAをマスターすることを目指していますが，もし最終的に皆さんがQCAを用いた研究をするに至らなかったとしても，本書その他を通じてQCAの考え方に触れることは，上記のような因果推論のあり方への理解を深めることにつながるでしょう。

1.4　QCAの特徴：従来型手法の課題に関連して

前節では，広く用いられている定量・定性研究の課題等について述べました。では，QCAはこれらの課題にうまく対応しているのでしょうか。QCAはいったいどのような特徴を持っているのでしょうか。

端的にいえば，QCAは，前節で述べた従来型手法およびその適用の課題と

13　Wason (1968) は，対偶命題の検証が重要であるにもかかわらず見落とされやすいという人間の一般的性向を明らかにしています。詳しくは，コラム「十分条件を検証するために何を確認すべきか」(23ページ) を参照してください。

対照的な特徴を持っています。それは，因果複雑性（causal complexity）との相性のよさです（Misangyi et al., 2017）。

　因果複雑性とは，ひとことでいえば，「原因（条件）が複雑に絡み合いながら，直線的とはいえない形で，『結果』の発生に寄与する」ような性質といったところになるでしょうか。具体的には，因果非対称性（causal asymmetry：結果を生まない条件は，結果を生む条件の否定と必ずしも一致しない），結合因果（conjunctional causation：複数の条件が絡み合って結果発生に寄与する），および等結果性（equifinality：ある結果が，全く異なる条件の組合せから生じうる）といった性質を表します。本節では，これらの観点から，従来型手法と比較しつつQCAの特徴を概観します。

1.4.1　因果非対称性とQCA

　QCAは，因果非対称性（causal asymmetry）を想定します（Fainshmidt et al., 2020；Fiss, 2011）。すなわち「ある結果を生じさせる条件の否定が，その結果を生じさせない条件と同じとは限らない」と考えます。この点は，「『P→Q』が成り立つとき同時に『~P→~Q』」という傾向の存在を前提とする線形回帰と異なります[14]。このためQCAは，線形回帰ではうまくモデル化できない現象の検討に有効です（Fainshmidt et al., 2020）。また，因果非対称性の想定は，十分条件（「これがあると必ず結果が生じる」という条件）と必要条件（「少なくともこうでなければ結果は生じない」という条件）の区別にもつながります（Fiss, 2011）。

　実世界において因果非対称性はごく一般的な現象であり（Fiss, 2011），これを前提とした分析を応用できるテーマは少なくないと考えられます。

　例として，ハーツバーグの「動機付け・衛生理論」（Herzberg et al., 1959）を考えてみましょう[15]。この理論は，仕事における満足を生じさせる「動機付け要因」（達成，承認，仕事そのもの等）と，不満足を生じさせる「衛生要因」（会社方針と管理，監督技術，給与等）は別物だと考えます。そして，衛生要因の解

14　「→」，「~」等の記号については，巻頭の凡例（xivページ）を参照願います。
15　本稿で例示した動機付け・衛生理論等の古典理論の精緻化は，考え方を示すための例です。これらの理論はすでに多くの追試・検証が行われていますので，興味のある方はそれらの研究を参照してください。

消は不満足解消に寄与するものの，満足向上につながらないというのがこの研究の主張の特徴です。

　一般的な統計分析のように「因果対称」を前提とするならば，動機付け要因と衛生要因は表裏一体となるはず，すなわち，動機付け要因の否定が衛生要因に，衛生要因の否定が動機付け要因となるはずです。そして，動機付け要因の未充足が不満足を，衛生要因の解消が満足を生じさせるはずです。しかし，そうではないというのが「動機付け・衛生理論」の主旨です。

　動機付け要因と衛生要因を区別するハーツバーグの主張は，因果非対称性の好例です。このため，動機付け・衛生理論の検証においてQCAが有効となる可能性があるといえるでしょう。すなわち，「満足」と「不満足」を結果としてそれぞれQCAを行えば，両者につながる条件構成を明瞭に抽出できる可能性があります。その結果，ハーツバーグの主張どおり，ある条件は満足に寄与するが，当該条件が満たされなくとも不満足にはつながらないとなるかもしれません。あるいは，ある条件が満足に寄与すると同時に当該条件の不充足が不満足につながるということがあるかもしれません。

　このように，QCAの適用は，動機付け・衛生理論のような因果非対称性が想定される現象の理解向上につながるでしょう。

1.4.2　結合因果とQCA

　先に，統計分析は結合因果（conjunctional causation）あるいは条件交絡，すなわち複数の変数の交互作用の扱いに限界があると述べました。これに対しQCAは，一定以上のサンプルサイズのもと，多くの条件要素（通常，4～7）の交絡を分析できます（Fiss, 2007）。たとえば1.2節の例では，4つの条件の影響を分析し，その結果，「仕事そのもの」と「人間関係」の交絡（相乗効果）や，「給与」と「福利厚生」の交絡が見出されました。このように，それぞれ各2要素が組み合わさってはじめて「動機付け」が生まれるという結果が明らかになったのです。

　このようにQCAでは，統計分析における高次の交互作用に相当する分析が可能です。このため，複数条件の適合性，たとえば戦略論における複数戦略の補完性の分析に適しているといわれます（Fainshmidt et al., 2020）。

この点を，フィードラーの「リーダーシップのコンティンジェンシー理論」(Fiedler, 1967, 1993) を例に確認してみましょう。この理論の主張は，「おかれた状況によって，高業績を生むリーダー属性（パーソナリティ）は異なる」というものです。その「状況」は，①リーダーと成員の「関係」，②「課題構造度」，および③リーダーの「地位力」の３次元で表現されます。その上で，状況がリーダーにとって望ましい場合と望ましくない場合には「課題動機型」リーダーが，その中間の状況にあっては「関係動機型」リーダーが高業績を上げるというのがこの理論の主な発見事実です。

　ここでQCAを適用すれば，結合因果あるいは条件交絡の分析が容易という長所が威力を発揮する形でこの理論を確認することができます。フィードラーの主張（図表1.3）を，QCAの考え方を応用して表現してみましょう。

図表1.3｜リーダーのおかれた状況・リーダーシップスタイルと業績

区分	関係良好	課題構造化	地位力強	高業績 (関係動機型)	高業績 (課題動機型)
Ⅰ	○	○	○	×	○
Ⅱ	○	○	×	×	○
Ⅲ	○	×	○	×	○
Ⅳ	○	×	×	○	×
Ⅴ	×	○	○	○	×
Ⅵ	×	○	×	○	×
Ⅶ	×	×	○	○	×
Ⅷ	×	×	×	×	○

出所：Fiedler (1967) Table9-2に基づき筆者作成

　この「分析」では，リーダー属性（課題動機型，関係動機型）別に結果を示すこととします。すなわち，各リーダー属性別に，「条件」として３つの状況属性（関係，課題構造度，地位力），「結果」として「高業績」を適用すれば，「高業績」を生じさせる十分条件を，QCAを用いて抽出することができます。結

果を見てみましょう[16]。

関係動機型リーダーが高業績を上げる（十分）条件は以下のとおりでした[17]。なお，「~」は，「なし」あるいは否定を示す記号です（本書冒頭の「凡例」参照）。

「~関係良好かつ課題構造化」，または，「~関係良好かつ地位力強」，

または，「関係良好かつ~課題構造化かつ~地位力強」　　　　　　(1.1)

一方，課題動機型リーダーが高業績を上げる（十分）条件は以下のとおりでした。

「関係良好かつ課題構造化」，または，「関係良好かつ地位力強」，

または，「~関係良好かつ~課題構造化かつ~地位力強」　　　　　　(1.2)

これらのうち後者を，近年広く使われるRagin & Fiss（2008）の表記法（本書では以下，「星取表」とよびます）で示せば，図表1.4のようになります。この表記法において「●」は「あり」を，「⊗」は「なし」を示します。また，空欄は，その条件の「あり」か「なし」かが結果発生に影響しないことを意味します。

各列は，解における項（term）に相当します。上の式（1.2）でいえば，「または」で結ばれた3つの「カッコ」に相当します。たとえば，図表1.4の解項1は，課題動機型リーダーが高業績を上げる条件（式（1.2））のうちの第1項「関係良好かつ課題構造化」を指します。ここで，空欄となっている「地位力強」の有無は，高業績を上げるか否かに影響しません。

また，解項3は，第3項「~関係良好かつ~課題構造化かつ~地位力強」すなわち「関係が良好でなく，かつ課題が構造化されておらず，地位力が強くない」（ならば，課題動機型リーダーが高業績を上げる）を意味します。

16　QCAによる解（結果につながる十分条件の式）には，「複雑解」（complex solution：保守解ともいう），「中間解」（intermediate solution），および「最簡解」（parsimonious solution：節倹解ともいう）があります。ここでは，これらのうち「複雑解」を示しています。これらの違いについてここではあまり気にする必要はありません。後ほど詳しく説明します。

17　フィードラーの研究では，十分条件と必要条件を特に区別していません。図表1.4および以下で示す他の例における表記は，便宜的に，先行研究が十分条件分析を行ったものとみなしたものです。

図表1.4 | 課題動機型リーダーが高業績を上げる条件

解項	1	2	3
関係良好	●	●	⊗
課題構造化	●		⊗
地位力強		●	⊗
該当区分	Ⅰ，Ⅱ	Ⅰ，Ⅲ	Ⅷ

備考：区分Ⅰ（関係良好・課題構造化・地位力強）は，解1，2双方に相当。
出所：Fiedler（1967）Table 9-2に基づき筆者作成

　図表1.4から，課題動機型リーダーが，特に両極端な状況下において高業績を上げていることが見てとれます。これはあくまでFiedler（1967, 1993）の結果をそのまま図式化したものですが，QCAを用いて，たとえば条件を追加することを通じて，より精緻な分析が可能になるでしょう。
　また，個人と組織の適合（P-O Fit：Person-organization fit）も，結合因果の典型例といえます。Chatman（1989）によれば，組織特性（価値観，規範）と個人特性（価値観）の適合（congruence）が両者の間のフィットを生み，そのフィットが組織と個人の双方に成果をもたらすとされます。また，組織特性と個人特性のフィットには，メンバー選考やメンバーの社会化が影響を及ぼします。フィットや成果につながる条件（変数）交絡のパターンは多数存在すると考えられますが，このような，等結果性を前提とした結合因果の検討，すなわち，どのような条件構成（特性の組合せ）が成果につながるかの検討は，QCAが得意とするところです。
　なお，条件間の交絡的効果は，「補完性」（complementarity）と言い換えることもできます。経営戦略と組織構造は相互補完的に業績に影響します（Fiss, 2007）。補完性は人的資源管理においても重要です（Fiss, 2007）。この分野で補完性を考察した研究例に，平野（2006）があります。この研究によれば，日本的キャリアシステムの特徴である分権的情報（調整）システムと集約的人事管理（幅広いキャリア，職能資格制度，人事権の人事部集中）は補完性を持つとされます。これらを，それぞれ個別に考えるのではなく，うまく組み合わせて適用

してこそ，効率的な管理が期待できるのです。さらに，これらのキャリアシステム要因は日本における小さな外部労働市場という社会要因も交絡しますが，QCAは，このように組織内部と社会といった複数レベルにまたがる現象の分析にも適しています（Fainshmidt et al., 2020；Misangyi et al., 2017）。

1.4.3　等結果性とQCA

　QCAは，等結果性（equifinality）を示す現象の分析にも適しています（Fainshmidt et al, 2020；Fiss, 2007, 2011）。たとえば，先ほどのフィードラーのコンティンジェンシー理論（Fiedler, 1967, 1993）において，関係動機型リーダーと課題動機型リーダーが異なる状況下においてともに「高業績」という同じ結果を生じていることは，ここに等結果性が存在することを示しています。

　木寺（2020）は，最高裁判所判事就任という「等しい結果」に至るまでの，異なるキャリアパス（ポスト就任）について検討しています。この研究は，実際の高等裁判所長官経験者について最高裁判事に昇進する（十分）条件を抽出したものです。この研究では，裁判官人事データをQCAにより分析しています[18]。分析の結果，最高裁判事に至る主要な6つの条件構成（解項）すなわちキャリアパスが抽出されています（図表1.5）[19]。

　各解項（1～6）には，それに該当するキャリアパスを歩む上で経験する必要があるポスト（●）や，経験しない（厳密にいえば「経験してはならない」）ポスト（⊗）があります（空欄のポストは経験してもしなくても結果に影響しません）[20]。

　たとえば解項1では，最高裁首席調査官と東京高裁長官の経験が最高裁判事就任の（十分）条件の一部となっています。これらのポスト双方を歴任すると，基本的には必ず最高裁判事に任命される結果となっています。同様に解項2は，法務省民事局長と大阪高裁長官を経験することが最高裁判事就任につながるこ

---

[18]　木寺（2020）は，あるポストの次にどこに異動するかという傾向や，ポスト間の序列を検討するため，ネットワーク分析も併用していて，経営学的にも大変興味深い研究です。
[19]　この解は，QCAによる十分条件分析の結果得られる3種の解（複雑解，中間解，最簡解）のうちの中間解を示しています。解の種類については第3章3.3節にて後述します。
[20]　参考まで，この図でいう●や⊗に相当する条件は「INUS条件」とよばれ，結果につながる要因として重要な位置を占めます。INUS条件については，第6章「実践のためのQ＆A」［Q22］（196ページ）を参照してください。

図表1.5｜最高裁判事に至るキャリア

解項	1	2	3	4	5	6
最高裁事務総長			●	●		
司法研修所所長					●	⊗
最高裁首席調査官	●					
法務省民事局長		●				
東京高裁長官	●		●	⊗		●
大阪高裁長官		●	⊗	●	●	⊗
名古屋高裁長官						⊗
広島高裁長官						
福岡高裁長官						⊗
仙台高裁長官			●			
札幌高裁長官						⊗
高松高裁長官						⊗

出所：木寺（2020）に基づき筆者作成

とを示しています。これら1〜6のキャリアパスのいずれかを歩むことが最高裁判事就任につながるというのが，木寺（2020）の主張の主旨です。すなわち，裁判官の世界においてトップに上りつめるパスは複数存在するのです。同様の枠組みにより，「企業トップに上りつめる条件（経験・ポスト等）」を探索してもおもしろいかもしれません。

1.4.4　小規模サンプルによる分析可能性

QCAは比較的小さなサイズのサンプルに対しても適用可能です（Fainshmidt et al., 2020）。たとえばFiss（2007）によれば，QCAは，従来の定性研究には大きすぎ，定量研究には小さすぎるサンプル（たとえば，N＝10〜50）に適しているといいます。この点においてQCAは従来の定性研究と定量研究の間隙を埋

めるといえます（Mello, 2021/2023）。なお，近年は，より大きなサンプルによる研究の割合が増加しています（Misangyi et al., 2017）。

ただし，「サンプルサイズが小さいからQCAを選択する」というのは適切ではありません。分析方法はあくまで問いの種類に応じて選択されるべきです（Mello, 2021/2023）。QCAは，統計分析と異なる種類の問いに答えるためのものであって，小サンプルに対する統計分析の代用とすべきではありません（Rubinson et al., 2019）。第6章「実践のためのQ&A」［Q1］および［Q2］（180ページ）も参照してください。

1.4.5　必要条件と十分条件の区別

QCAでは，ある現象に対して，これを生じさせる必要条件と十分条件（コラム「十分条件と必要条件」参照）を区別して検討することが可能です（Fiss, 2007；Marx et al., 2012；Misangyi et al., 2017）。QCAによる分析のメインイベントは十分条件分析ですが（Greckhamer et al., 2008），同時に，必要条件の抽出も推奨されます（Fainshmidt et al., 2020；Marx et al., 2012；Schneider & Wagemann, 2012）。

たとえば，コーポレートガバナンスは高業績につながるという主張に対して，はたしてコーポレートガバナンスは高業績の十分条件（コーポレートガバナンスがあれば必ず高業績が得られる）なのか，必要条件（コーポレートガバナンスがあったとしても高業績が得られるとは限らないが，コーポレートガバナンスがないと高業績は得られない）なのかといった問いを，QCAにより精緻に検討することができます（Fiss, 2011）。

また，ハーツバーグの「動機付け・衛生理論」（Herzberg et al., 1959）は，「衛生要因により不満足は解消するが，満足は生じさせない」と主張していますが，衛生要因解消は満足の十分条件ではない（衛生要因が解消されても満足が得られるとは限らない）にせよ，必要条件になっている（満足を得るためにはまず衛生要因解消が不可欠）という可能性はないでしょうか。このような問いにはQCAが適しています。

このようにQCAは，定量研究と定性研究双方の間の中庸（via media）をなし，両者の課題を緩和することができます（De Meur et al., 2009）。さらに，Marx et al.（2012）によればQCAは，これら両手法の架け橋となるポテンシャルを

持つものです。

十分条件と必要条件

ここで、十分条件と必要条件について、確認しましょう。

図表1.6の(a)、(b)、および(c)は、受験生の「勉強」と志望校「合格」の間の異なる関係を示しています。図中の大文字アルファベットは生徒のIDです。

図表1.6｜十分条件・必要条件・必要十分条件

(a) 勉強は合格の十分条件　　　　(b) 勉強は合格の必要条件

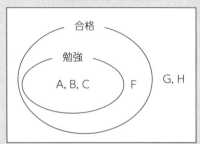
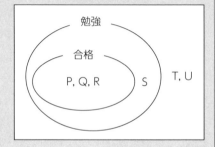

(c) 勉強は合格の必要十分条件

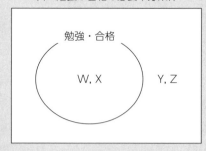

一般に、「pならば必ずq」という関係があるとき、pはqの十分条件であるといいます。(a)では、勉強した受験生（A，B，C君）はすべて志望校に合格しています。このとき、「勉強」は「合格」の十分条件（sufficient condition）であるといいます。

勉強していないのにもかかわらず志望校に合格したF君や，勉強せず合格もしなかったG，H君のような存在はありますが，「勉強」が「合格」の十分条件であることには影響しません。

　なお，現実には，「勉強は合格の十分条件」といおうとしても，(a)では見られなかったような例外（勉強したのに合格しなかった者）が生じるのが珍しくありません。QCAでは，次章以降で学ぶような指標を用いて，このような例外が許容できるかどうかなどを検討します。

　一方，「qであるためには（少なくとも）pでなければならない」とき，pはq の**必要条件**（necessary condition）であるといいます。(b)では，勉強した受験生（P，Q，R，S君）がすべて志望校に合格したわけではありません。残念ながらS君は勉強したけれども合格しませんでした。一方，合格者（P，Q，R君）に焦点を当てると，この3名はいずれも勉強しています。勉強せずに合格した者はいません。このとき，「勉強」は「合格」の（十分条件ではないが）必要条件です。100％保証はできないが，ともかく勉強することが必要，そうでなければ始まらないということです。

　そして(c)では，勉強した者（W，X君）はいずれも合格しています（上記(a)と(b)それぞれにおける2つの楕円が完全に重なっている状態）。ここで，勉強は合格の十分条件になっています。同時に，合格した者はすべて勉強しており（勉強せずに合格した者はいない），勉強は合格の必要条件にもなっています。このような，十分条件でありかつ必要条件であるような条件を，**必要十分条件**（necessary and sufficient condition）といいます。

　なお，図表1.6(a)～(c)のように集合間の包含関係を示す図は，広く**ベン図**（Venn diagram）とよばれています。

　ベン図を使って，QCAが何をしようとする方法なのか，先ほどとは異なる観点から説明してみましょう。

　図表1.7は，「才能」および「努力」と，その結果としての「合格」の関係を例示したものです（内容は，筆者の信条を示すものではありません）。このとき，合格の十分条件は何でしょうか。

図表1.7｜何が合格の十分条件か

(a) 才能と合格の関係

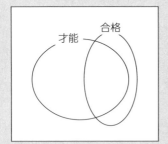

(b) 努力と合格の関係

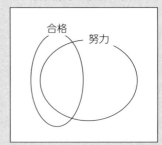

(c) 才能・努力と合格の関係

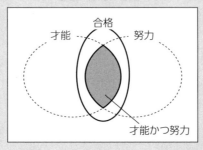

　(a)は才能と合格の間の関係を，(b)は努力と合格の間の関係を図示したものです。このような場合，才能と努力はいずれも合格の十分条件にはなっていません。

　一方，(c)は(a)と(b)を重ね合わせたものです。才能と努力の積（AND）すなわち「才能かつ努力」の領域（網掛け部分）が，「合格」の領域に完全に含まれています。これは，「才能かつ努力」が合格の十分条件であることを示しています。

　QCAは，この例でいう合格の十分条件としての「才能かつ努力」のような「条件の組合せ」を明らかにする技法です。特に，「単一条件だけでは決め手にならないが条件が組み合わさって結果につながる」というような状況において力を発揮します。

十分条件を検証するために何を確認すべきか

「勉強すれば必ず合格する」という十分条件の形の仮説を立て，個別事例の確認を通じてこれを検証したいとき，どのようなサンプルをとればよいでしょうか。「勉強した人」を追跡すればよいでしょうか。あるいは，合格者を調査すればよいでしょうか。

このような問題に対して人が間違いを犯しやすいことを，Wason（1968）は，「4枚カード問題」（ウェイソン選択課題）とよばれる実験で明らかにしています。

次の課題を考えてください。

> テーブル上に4枚のカードがあります。各カードの一方の面にはアルファベットが書かれ，もう一方の面には数字が書かれています。
>
> 今，図表1.8のように，「E」，「K」，「2」，「7」の文字が見えている状態とします。
>
> このとき「カードのある面に母音が書かれているならば，その裏面は偶数である」（母音→偶数）という十分条件関係が成り立つことを確かめるためには，最低限，どのカードを裏返さなければならないでしょうか？
>
> （Wason（1968）に基づき筆者作成）

図表1.8 │「母音→偶数」の検証

| E | K | 2 | 7 |

正解は，「E」と「7」です。

「E」を裏返すことには異存ないでしょう。裏面が奇数なら即アウトです。「K」はどうでしょうか。Kは子音です。子音の裏面が何であろうが，「母音→偶数」の仮説には影響しません。なので，「K」のカードを裏返す必要はありません。

「2」をあげた人もいらっしゃるのではないでしょうか。たしかに2の裏が母音であれば「母音→偶数」が満たされ，仮説どおりです。しかし，2の裏が子音

であっても，先ほどの「K」の場合と同様，子音と偶数がペアになることに問題はありません。なので，「2」を裏返して確認する必要はないのです。

重要なのは「7」です。その裏面が子音だったら問題ありませんが，それが母音だった場合，「母音→偶数」が成り立たなくなります。

つまりこの場合，「母音→偶数」を確認する上で，「偶数でない（奇数）→母音でない（子音）」という，対偶命題の確認が必要なのです。

しかし，Wason（1968）の実験は，多くの被験者がこの対偶命題の確認を見落とすことを明らかにしています。みなさんはいかがでしたか。

さいわい，Wason（1968）のような抽象的な課題ではなく，社会的な文脈を持つ課題の場合，正答率は大幅に向上するようです（Cosmides & Tooby, 1992）。次の課題はいかがでしょうか。

> あなたは警察官です。未成年の飲酒を取り締まらなければなりません。
> 今，バーに図表1.9のようなお客さんたちがいるとします。
> このとき，「ビールを飲む人は20歳以上でなければならない」（ビール→20歳以上）というルールが守られていることを確かめるために，あなたは（どのカードを裏返して）年齢または飲み物をチェックしなければならないでしょうか？
>
> （Cosmides & Tooby（1992）より一部改変）

図表1.9｜「ビール→20歳以上」の検証

| ビール | コーラ | 24歳 | 16歳 |

正解は，「ビール」と「16歳」です。ビールを飲んでいる人が20歳以上であることの確認に加え，未成年である16歳がビール（アルコール）を飲んでいないことを確認する必要があることは，自然に理解できることと思います。一方で，コーラを飲んでいる人が大人でも未成年でも，24歳が何を飲んでいても，何も問題はないのです。

> さて、私たちは普段、ある仮説を実証しようとするとき、必要な確認を行っているでしょうか。高業績企業を調べ上げてその共通点を抽出し、「これが高業績の（十分）条件だ！」なんていってませんか？　この命題を主張するには、上記で見たように、その「共通点」が「高業績でない企業」にみられないことの確認、すなわち、対偶命題の確認も必要なのです。
> 　ちなみに、成功企業の共通点を成功の**必要条件**だと主張することは、理にかなっています。前のコラムのベン図（図表1.6(b)）を見ながら考えてみてください。全合格者が共通して勉強していれば、「勉強は合格の必要条件」といえるのです。

1.4.6　透明かつ客観的な因果推論

　QCAは、複数事例の観察からの因果推論を、客観的な集合演算により裏付ける分析手法です。また、分析結果の妥当性を指標により確認することができます。詳しくは第3章で説明しますが、特に以下が広く用いられています。

　十分条件の「整合度」(consistency) は、抽出された条件構成が結果に対する真の十分条件となっている程度、言いかえると例外が少ない程度を示します[21]。

　一方、十分条件の「被覆度」(coverage) は、「結果」を示した事例のうち、その解（条件構成）によるものの割合をいいます。(Ragin, 2008a, p. 44) は、被覆度のことを、「条件構成が結果を説明する程度」と表現しています。誤解を恐れずにいえば、モデルの説明力を示すという点で、回帰分析における決定係数に類する指標といえるかもしれません[22]。このような指標の解釈を通じた検討は、統計分析を行う研究者にとっても比較的受け入れやすいものではないでしょうか。

---

[21]　見方を変えればこれは、QCAが、論理学や数学でいうところの純粋な十分条件・必要条件だけではなく、「準十分 (quasi sufficiency)」(Greckhamer et al., 2008) 等も考慮することを意味します。この点は、論理学や数学に熟達した方にとってかえって注意が必要かもしれません。

[22]　たとえば山田・好川（2021）は、日本企業における女性取締役選任条件の分析をQCAで行い、その解の被覆度を、先行研究（統計分析）における決定係数と比較しています。

1.5　QCAに適した問いと分析対象

これまでの議論を整理しましょう。

まず、QCAはどのような問いに適しているのでしょうか。それは、「ある『結果』を生じさせる『条件』は何か」という問いです。たとえば、「ブランドを生存させる条件は何か」、「リーダーが高業績を上げる条件は何か」といった問いは、QCA向きです。

そしてQCAは、因果複雑性を持つような対象の分析に適しています。特に、単一の条件よりもむしろ、条件が組み合わさることこそが結果につながる（結合因果）ような分析対象です。たとえば、ブランド生存において、「低価格そのものよりも、低価格と新しさがつながることが重要」というような場合です。またQCAは、異なる条件の組合せが同じ結果につながる（等結果性）ような対象の分析において、威力を発揮します。図表1.5で見た、異なるキャリアパスが最高裁判事就任につながるというような場合です。

1.6　QCAと因果推論

ここで1点注意しておきたいことがあります。

QCAを通じてある結果につながる条件が抽出されたとしても、それら条件と結果の間に因果関係があることとは、また別の問題だということです（Schneider & Wagemann, 2010）。統計分析における2変数間の相関関係が、必ずしもこれら変数間の因果関係を意味するとは限らないのと同じです。相関関係があっても、逆因果や疑似相関を疑う必要があります。

たとえば、1.4.3項で取り上げた木寺（2020）の研究でも、図表1.5にあげたようなキャリア（ポスト歴任）そのものが最高裁判事就任につながった（因果関係）かどうかはわからないのです。もしかしたら、そもそもきわめて優秀な人材が採用直後に識別され、そのような人材にこれら重要ポストを歴任させ、キャリアの最後に最高裁判事に任命する、いわば「採用時点での優秀さ」を潜在変数とする、疑似相関のような状況が存在するのかもしれません。

また，コラムで取り上げたような勉強と合格の関係も，家庭環境のような潜在変数の影響の可能性が捨てきれません。さらに調査デザインによっては，合格体験が勉強の習慣を形成したというような逆因果の可能性も否定できません。

このように，QCAは本来，因果関係そのものを抽出する手法ではなく，あくまで，条件と結果の間の集合関係（論理関係）を抽出する手法にすぎません。なので，分析結果から解釈を導くには，統計分析を含む他の分析法と同様，理論が必要になります。QCAにおいてよく「因果推論」とか「交絡因果」といった表現が用いられますが，厳密にいえばこれらは正確なものではないでしょう。

1.7 QCAの種類

QCAにはいくつかのバリエーションがありますが，現在は主に**クリスプ集合QCA**（csQCA：crisp-set QCA）と**ファジィ集合QCA**（fsQCA：fuzzy-set QCA）が適用されています[23]。

csQCAは，伝統的な集合の考えに基づき，ある事例の条件や結果について，○○であるかそうでないか，すなわち「YesまたはNo」のいずれかの状態にあることを想定します。数値でいうと，それぞれ，「1」または「0」の2値のうちのいずれかを付与します。1.2節の架空例はcsQCAを用いています。次章では，このcsQCAの分析を通じて，その考え方等を学びます。

一方のfsQCAでは，集合として「ファジィ集合」を考えます。ここでは，ある事例の条件や結果について，「完全に当てはまる」と「完全に当てはまらない」（全く当てはまらない）の間に，「どちらかといえば当てはまる」，「どちらかといえば当てはまらない」等の状態が存在しうると考えます。そして，「完全に当てはまる」＝1，「どちらかといえば当てはまる」＝0.67（＝2/3），「どちらかといえば当てはまらない」＝0.33（＝1/3），「完全に当てはまらない」

---

[23] csQCAとfsQCAの他，マルチ・バリューQCA（mvQCA：multi-value QCA）やその他のバリエーションも存在します。mvQCAでは，条件や結果について，0/1の2値ではなく複数の値を付与することができます。ただしmvQCAでいう「複数の値」は，fsQCAの場合のそれと異なる理論的基盤に基づいています。mvQCAについては，近年適用例が多いとはいえず，本書では割愛しています。mvQCAを適用した研究としては，たとえば久保（2022）があります（第6章［Q23］：199ページ参照）。

＝0といったような値（属性値）を付与します。連続的な値を使用することもできます。fsQCAについては，第4章と第5章で詳しく学びます。

　fsQCAよりもcsQCAのほうがシンプルで節倹的（Rihoux et al., 2013）ですが，データに含まれる情報を単純化しすぎているとの批判もあります（De Meur et al., 2009）。また，csQCAとfsQCAを比較すると，前者は第Ⅰ種過誤を犯しやすく，後者は第Ⅱ種過誤を犯しやすい傾向にあるとされます（Fujita, 2013）。その他，研究においてcsQCAとfsQCAのいずれを選択すべきかについては，第6章「実践のためのQ&A」［Q4］（181ページ）も参照してください。

　2011年末までに発行された論文をレビューしたRihoux et al. (2013) によると，その段階ではcsQCAが依然として主流でしたが，近年，経営学分野においてはfsQCAが多数を占めるようになっています（Mello, 2021/2023）。

　なお，QCAは本来，決定論的な考え方に立脚します（齋藤，2017）。すなわち，例外（逸脱事例）を除き，「XならばY（必ず）Yが生じる」（十分条件），あるいは「Yが生じるためには（必ず）Xでなければならない」（必要条件）といった関係を考えるのが原形です[24]。この点は，「どちらかというとX」のような，よりあいまいな状態を考えるfsQCAでも同じです。そして，整合度や被覆度の評価を通じて，上記関係がどの程度成立しているかを検討します。この「決定論的な考え方」は，線形回帰の考え方，すなわち「Xが増加するほど，Yも増加する」というようなモデルと異なっており，注意が必要です。

---

[24] 一方，Schneider & Wagemann (2012) は，整合度指標の導入やfsQCAの開発の結果，QCAは必ずしも決定論（determinism）にのみ依拠するものとはなっていないと主張しています。

理解度チェック

- ☐ QCAによって何を明らかにすることができるか，QCAがどのような問いに適しているか，おおよそ理解できましたか？
- ☐ QCAにどのようなデータを用いるか，おおよそ理解できましたか？
- ☐ QCAの分析の流れについて，イメージできましたか？
- ☐ 因果非対称性，結合因果，等結果性という考え方について，おおよそ理解できましたか？
- ☐ 必要条件と十分条件の違いが理解できましたか？

　なお，この章は，QCAとはどのような分析方法かについておおまかなイメージをつかんでいただくのが目的です。具体的な内容については次章以降で詳しく説明します。

　恐れず先に進んでください。本書を読み終えた後なら，上記の質問はどれも問題なく答えられるようになっているはずです。

第2章
csQCAでYes/No型データを分析する

🔍 **ねらい**

　この章では，フリーソフトとデータ（csv）ファイル（中央経済社のサイトからダウンロード可能）を使い，クリスプ集合QCA（csQCA）の分析プロセスを体験します。分析（必要条件分析と十分条件分析）に先立つデータ収集とキャリブレーション（属性値の付与）の考え方，そして分析準備についても説明します。また，分析結果の論文での記載方法や，QCAを用いた論文の読み方についても解説します。

　とにかくスピーディーにQCAを体感していただくため，理論的説明は最小限に留めました。詳しい理論的説明は第3章を参照してください。

　なお，本章で使うソフトウェアは，チャールズ・C・レイガン（Charles C. Ragin）先生らが開発した「fs/QCAソフトウェア」（Ragin & Davey, 2022）のWindows用バージョンです[1]。fs/QCAソフトウェアには，Windows版の他，Mac版も公開されています（同じサイトからダウンロード可能です）。ここでは使用しませんが，統計分析フリーソフト「R」のアドオン（QCAパッケージ）も公開されています[2]。

---

[1] fs/QCAソフトウェアは，その名称に「fs」を冠していますが，fsQCA（ファジィ集合QCA）だけでなく，本章で説明するcsQCA（クリスプ集合QCA）にも適用可能です。紛らわしいので注意してください。ソフトウェアの名称のほうは，「fs」と「QCA」の間にスラント（/）が入っています。また本書では，混乱防止のため，ソフトウェアを意味する場合は，「fs/QCAソフトウェア」のように，「ソフトウェア」の語を付すことにしています。

2.1 csQCAを用いた研究のフロー

csQCAを用いた研究のおおまかな流れは図表2.1のとおりです。図中，破線で示された範囲が，ソフトウェアを用いた分析およびこれに関連する作業です。

図表2.1 | csQCAを用いた研究のフロー

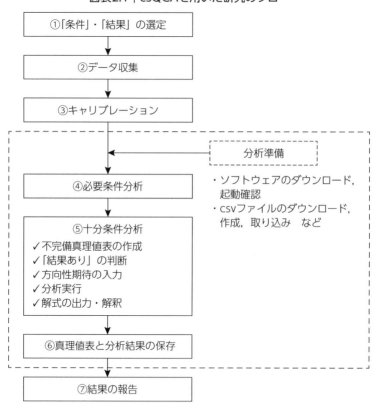

ここでは大まかに7ステップに分ける形で分析フローを説明します。

まず，研究テーマ・目的に従い，分析対象となるモデルを構成する「条件」と「結果」を選び（①），サンプルを通じてデータを収集します（②）。また，得られたデータに基づき，各条件と結果を「あり（＝1）」あるいは「なし（＝0）

にキャリブレーション（calibration）します（③）[3]。

　ソフトウェアやデータの準備（ソフトウェアの準備，csvファイルの作成・取り込み等）が終わったら，いよいよ分析に入ります。最初が必要条件分析です（④）。

　そして，次がメインイベントである十分条件分析です（⑤）。必要条件分析と比べると，十分条件分析においてはより多くの作業ステップが必要になります。またその際，分析者自身で，分析結果に影響しうるいくつかの判断を下さなければなりません。そうしてようやく十分条件分析を実行できるようになります。

　そして最後に，分析結果を出力・解釈し，結果等を保存するとともに（⑥），分析結果や前提条件等を論文の形で報告することになります（⑦）。

　以下，この章では，「アパレルブランドが生き残るための十分条件の抽出」を行います。生存に寄与しうる条件として，優れたデザイン性，高品質，低価格，SNSでの発信を取り上げます。また，サンプルとしてA～Uの21のアパレルブランド（架空）を取り上げます。

　ただし，データ収集とそのキャリブレーションは済んだものとし，csvファイルとして中央経済社のサイト（xiiiページ参照）から入手して使用してください（図表2.2）。

　では，これらのステップを順に追ってみましょう。

2　Rに習熟した方なら，Rバージョンのほうが早く習熟できるかもしれません。Rバージョンの使用方法については，森（2017a, 2017b）を参照してください。これらは，fs/QCAソフトウェアの非常にわかりやすいユーザーマニュアルとなっていて，筆者も大変お世話になりました。それらのうち森（2017a）はcsQCA，森（2017b）はfsQCAを対象としていて，それぞれ，fs/QCAソフトウェアとRバージョンの双方の操作手順を説明しています。その他，fs/QCAソフトウェアの使用方法については，レイガン先生による公式マニュアル（Ragin, 2017）および森大輔先生によるその和訳（Ragin, 2008b/2010）も有用です。ただし，Ragin（2017）はfs/QCAソフトウェアのバージョン3.0に，和訳（Ragin, 2008b/2010）は同バージョン2.0に対するものです。

3　キャリブレーションは「較正」とも訳されますが，この場合，計器や目盛りの調整といったニュアンスがより強く感じられます。なので本書では，キャリブレーションの語を用いることとします。なお，fsQCAの場合，0/1ではなく，よりきめ細かい属性値を割り当てます。

図表2.2 | トライアル用csvファイル (csQCA)

Brand	Design	Quality	LowP	SNS	Survival
A	1	1	0	0	1
B	1	0	1	0	1
C	0	0	1	1	1
D	0	1	0	0	0
E	0	0	0	1	0
F	1	1	0	1	0
G	0	0	1	1	1
H	0	0	1	0	1
I	0	0	0	0	0
J	1	0	1	1	1
K	1	1	0	0	1
L	0	1	1	0	0
M	0	1	1	1	1
N	0	0	1	1	1
O	0	0	1	0	0
P	1	0	0	1	0
Q	0	1	0	0	0
R	1	1	1	1	1
S	1	0	1	1	1
T	1	1	1	0	1
U	0	0	1	0	1

2.2 「条件」と「結果」の選定

最初に行うのは、「条件」および「結果」の選定です（図表2.1①）。ここでは、先行研究や事例知識に基づき、結果に影響を及ぼしそうな条件を選ぶことが望まれます。

ただしここでは、ソフトウェアを用いた分析に慣れていただくことを優先し、条件・結果の選定、データ収集およびキャリブレーションに関する詳しい説明は割愛します。csvファイルにはすでに、これらのステップを経て得られたものとして（架空の）データが入力されています。

条件の選定や投入可能な条件の数、条件の絞り込みなどについては、下記コラムのほか、第6章「実践のためのQ&A」[Q5]～[Q9]（182～186ページ）を参照してください。

条件の選定

もちろん、結果に影響しそうな条件を選ぶことが大前提ですが、特に「YesかNoか、属性値がバラついている条件を選ぶ」ことが重要です。この点は「結果」の選定についても同じです。「結果あり」事例ばかりだと、何が結果の発生に効いたのかわかりません。

条件数に関しては、サンプルサイズが大きいほど、ある程度まで、投入可能な条件数が増えます。目安としては、中規模サンプル（N=10～40）では、4から6ないし7条件が最大条件数の目安といわれます（Berg-Schlosser & De Meur 2009；Marx et al., 2012）。

なお、統計分析における統制変数のような条件は投入不要です。

2.3 データ収集とキャリブレーション

データ収集（図表2.1②）にはさまざまな方法がありますが、利用可能な2次

データの他，インタビュー調査や質問紙調査によることができます。

　得られたデータのキャリブレーション（図表2.1③），すなわち，得られたデータに対する0/1の値付与は，研究者の判断で行います。ここでは，その判断に客観性を持たせるよう，十分な配慮が必要です。たとえば，「低価格」の判断基準として，「客単価が○○円未満」のような基準を設けるとすれば，「この○○円は業界としての共通理解である」といったような根拠を示す必要があります。キャリブレーションにおいて客観性を保つことは，QCAにおいてきわめて重要です。

　ただしここでは，先を急ぎ，すでに収集・キャリブレーション済みのデータを用いて分析を進めます。データ収集のためのサンプリングの考え方については，第6章「実践のためのQ&A」[Q10]および[Q11]（186，187ページ）を参照してください。また，キャリブレーションにおける注意点については，同[Q12]および[Q13]（188，189ページ）も参照してください。

　条件および結果の選定，データ収集（サンプリング含む）やキャリブレーションは，QCAを用いた研究において非常に重要なステップです。本書ではあまり詳しく説明していませんが，第6章「実践のためのQ&A」，他のテキスト等を参照して，理解に努めてください。

2.4　分析準備

　この章では，実際にパソコンで分析作業を行いながらQCAの手順や結果の意味等について学びます。このためのソフトウェアとしては，fs/QCAソフトウェア（Ragin & Davey, 2022）のWindows版を使用します。

　2024年7月末現在，fs/QCAソフトウェアはバージョン4.1までがリリースされています。以下の手順でダウンロードおよび起動してみましょう。

2.4.1　ソフトウェアのダウンロード

　下記にURLを示した「fsQCA」サイトの「Software」ページ中，[Download]の下から，ご自身のPC環境（WindowsまたはMac）に適したfs/QCAソフトウェア用圧縮ファイルをダウンロードし，解凍してください（xiiページおよび図表

2.3参照)。インストール作業は不要です[4]。

　　URL： http://sites.socsci.uci.edu/~cragin/fsQCA/software.shtml

　WEBブラウザーで「fs/qca download」や「fs/qca software」で検索しても同じページが検索結果上位に表示されるでしょう。

図表2.3｜fs/QCAソフトウェアダウンロード画面

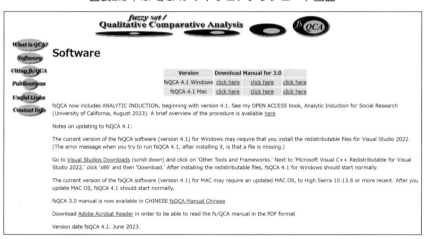

2.4.2　ソフトウェアの起動確認

　解凍後のフォルダーには多くのファイルやフォルダーが含まれます。そのうち，実行ファイル「fsqca.exe」を実行することによって，fs/QCAソフトウェアを起動します。このファイル「fsqca.exe」が実行できる（図表2.4のようなウィンドウが開く）ことを確認してください。セキュリティソフトの設定によっては，exeファイル（実行ファイル）の実行に制限がかけられている場合があります。この場合は，上記exeファイルが実行できるよう，設定変更してください。

---

[4]　ソフトウェアのダウンロード・ご利用は，各人の責任で行ってください。また，ダウンロードサイトのURLやファイル名等は，提供者側で変更されたりする可能性がありますので，ご注意ください。

なお，Windows版fs/QCAのバージョン4.1を使用するために，パソコンに，Visual Studio 2022用の「Redistributable file」をインストールする必要が生じる場合があります。この場合，以下の手順でこれをインストールしてください（xiiページも参照）。

（1）「Visual Studiosダウンロード」ページに行く。

　このページへのリンクは，上記「Software」ページにあります（「Visual Studios Downloads」）。

　URL： https://visualstudio.microsoft.com/ja/downloads/

その他，WEBブラウザーで「visual studio download」で検索しても，同じページが表示されるものと思われます。

（2）下部にある［その他のTools、Frameworks、そしてRedistributables］をクリックし，項目を展開します。表示された項目のうち，［Microsoft Visual C++ Redistributable for Visual Studio 2022］の横にある［x86］を選択し，［ダウンロード］をクリックします。

（3）ダウンロードされたRedistributableファイル（VC_redist.x86.exe）を実行（インストール）し，パソコンを再起動します。

（4）そうすると，fs/QCA 4.1 for Windowsが正常に起動するようになります（図表2.4参照）。

図表2.4 | fs/QCAソフトウェア起動時の画面

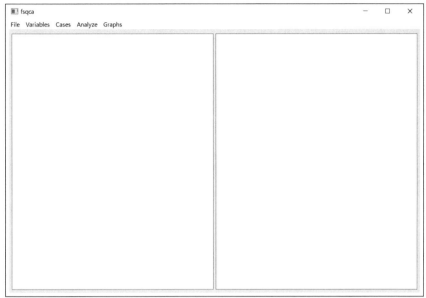

2.4.3　トライアル用csvファイルのダウンロード

　fs/QCAソフトウェアでは，ローデータ行列をcsvファイルに格納し，これを読み込んで分析を行います。本章で使用するデータ（図表2.2）を，中央経済社のサイトからダウンロードし，パソコンのわかりやすい場所に格納しておいてください（xiiiページ参照）。

　URL：　https://www.biz-book.jp/isbn/978-4-502-51301-5
　ファイル名：　Apparel.csv

2.4.4　csvファイルの作成

　本書の分析では，図表2.2で示したファイルを使用するので，この項で示すcsvファイル作成は行いませんが，ご自身でファイルを作成される場合のために，その手順を説明します。

データを収集し，そのキャリブレーションが終わったら，そのキャリブレーション済みデータから図表2.2のようなローデータ行列を作成し，これをcsvファイルとして保存します。

第1行（表頭）には，ID，「条件」，「結果」を示すラベルを配置します。そして横方向で見ると，第1列に事例を示すIDが格納されるようにします。また，最終列（いちばん右の列）に「結果」を記すとよいでしょう。そして，第2列から最終列の手前までの各列に，「条件」を配置します。

ID，条件および結果のラベルには，以下の制約があります[5]。

- ➢ 標準的な英数字のみを使用する[6]。
- ➢ 文字数は3～10。
- ➢ 最初の文字に数字を使用しない（例：「2010SALES」はNG）。
- ➢ スペースや空白を含まない（例：「SALES　2010」はNG）。
- ➢ ピリオド，ハイフン，アンダースコア等の特殊文字を含まない（例：「SALES.2010」，「SALES-2010」，「SALES_2010」などはNG）。

なので，ここではID，条件，結果を以下のとおり表記しました。

- ➢ ブランド：Brand
- ➢ デザイン性：Design
- ➢ 高品質：Quality
- ➢ 低価格：LowP
- ➢ SNS（での発信）：SNS
- ➢ 生存：Survival

また，縦方向で見ると，第1行に上記で示したとおり，ID，条件および結

---

[5] ラベルおよびデータに関する制約の大部分については，チャールズ・レイガン先生よりご教示いただきました。ありがとうございました。

[6] 条件名に日本語を使用すると，fs/QCAソフトウェアにファイルを取り込む際，「Invalid variable」，「The variable（条件名）is not valid. The first character must be a letter.」というエラーメッセージが出ます。しかしここで，くり返し［OK］をクリックすると，最後はファイルが読み込めるようです。ただしこれは「裏技」ですので，ご自身の責任でお試しください。

果のラベルが配置されます。そして第2行以降の各行に1事例のデータが格納されることになります。

各事例のデータには，以下の制約があります。

> ➢ データはすべて数字とする。ただし，事例IDは英数字でもよい。
> ➢ 欠損がある場合は空白にする。
> ➢ すべて空白となるような列を含めない（そのような列（条件）は分析から除外する）。
> ➢ 小数点にはピリオド（.）を使用する[7]。
> ➢ 千単位の区切り記号（コンマ等）は使用しない。

このようにして作成されたデータ（csvファイル）は，図表2.2（34ページ）のようなものになるはずです。すなわち，第1行にラベルが表されます。また，第1列には事例IDが示されます。

2.4.5 csvファイルの取り込み

次に，分析対象csvファイルをfs/QCAソフトウェアに取り込みます。なお，fs/QCAソフトウェアを起動したときに表示される画面を，本書では「メイン画面」とよぶことにします。

ファイル取り込みのために，fs/QCAソフトウェア起動後，まず，メイン画面上部にある［File］，そして［Open］をクリックし，csvファイルを格納したフォルダーを表示させます。そして，csvファイル「Apparel.csv」を選択した状態で［Open］をクリックし，csvファイルをfs/QCAソフトウェアで開きます（図表2.5参照）。以下，本書では，上でダウンロードいただいたデータを用いて解説していきます。

なお，メイン画面左側には今開いたcsvファイルと同じローデータ行列が表示されます。右側は今のところ空欄ですが，これから行う分析の結果がテキスト形式で表示されます。

---

7 日本では小数点といえばピリオドですが，欧州では小数点にコンマ（,）が使われることもあるための注だと思われます。

図表2.5 ｜ メイン画面でcsvファイルを開いた状態（csQCA）

Brand	Design	Quality	LowP	SNS	Survival
A	1	1	0	0	1
B	1	0	1	0	1
C	0	0	1	1	1
D	0	0	0	0	0
E	0	0	0	1	0
F	1	1	0	0	1
G	0	0	1	1	1
H	0	0	1	0	1
I	0	0	1	1	1
J	1	0	1	1	1
K	1	0	0	0	1
L	0	0	1	0	0
M	0	1	1	1	1
N	0	0	1	1	1
O	0	0	1	0	0
P	1	0	0	0	0
Q	0	1	0	0	0
R	1	0	1	1	1
S	1	0	1	0	1
T	1	1	1	0	1
U	0	0	1	0	1

2.5　必要条件分析[8]

いよいよ分析プロセスに入ります。

QCAのメインイベントは，後で述べる十分条件分析つまり「これがあると必ず結果が生じるという条件」の抽出です。しかしその前に，必要条件分析つまり「少なくともこうでなければ結果は生じない」という条件の探索を行うことが推奨されます（Schneider & Wagemann, 2012）。

必要条件分析の手順は以下のとおりです。

① 分析対象とする「結果」の指定
② 分析に投入する「条件」の指定
③ 分析結果の出力と解釈

8　必要条件分析については第3章3.1節（73ページ）も参照してください。

では,順に見てみましょう。

2.5.1 分析対象とする「結果」の指定

メイン画面上部にある［Analyze］,そして［Necessary Conditions］をクリックします。すると,「Necessary Conditions」というウィンドウが開きます（図表2.6参照）。

図表2.6｜必要条件分析のための条件・結果指定画面

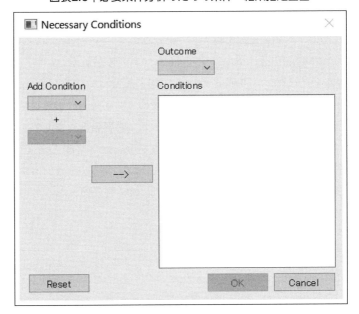

このウィンドウで,必要条件分析において考慮したい「結果」を指定します。ここでは,「生存」が該当します。［Outcome］の直下のボックスをクリックするとさまざまな属性（条件と結果）が並んでいるので,これらのうち［Survival］を選択してください。なお,「~Survival」（生存しない）を選択すると,「生存しない」ための必要条件を抽出することができます。「生存の必要条件の否定」と,「生存の否定（生存しない）の必要条件」は異なりますので,注意してください。

2.5.2 分析に投入する「条件」の指定

次に，同じウィンドウで，必要条件分析に投入したい「条件」を指定します。通常，当初投入した条件とその否定（前項で「結果」として投入した属性とその否定を除く）のすべてを投入します。ここでは，「Design」，「~Design」，「Quality」，「~Quality」，「LowP」，「~LowP」，「SNS」，「~SNS」の8項目が該当します。[Add Condition] の直下のボックスをクリックするとこれらが現れます。それらのうち「Design」を選択して [-->] をクリックすると，この「Design」が右側の [Conditions] の欄に入ります。同様に，「~Design」，「Quality」……と，順に条件を投入してください[9]。

なお，[Add Condition] の表示の下にはボックスが並んでいて，これらを「+」がつないでいます。この「+」は「OR」すなわち条件の和（「または」）を示すものです。本文中ではこれらボックスのうち1つだけを使用しましたが，最大4つまでの条件の和（または：OR）を作り，必要条件候補として右側に投入することが（あまり行われませんが）可能です。たとえば，「デザイン」と「品質」をそれぞれボックスに入れて右に投入すると，「デザイン性がある，または，高品質」という複合的条件が，「生存」の必要条件となっているかどうかを分析することができます[10]。

2.5.3 分析結果の出力と解釈

必要条件候補をすべて投入し終えたら，右下の [OK] をクリックします。するとメイン画面（右側）に分析結果が表示されます（図表2.7）。

ここで，「Outcome variable」は，分析対象とした「結果（変数）」の項目を示しています。ここには，「生存」するための必要条件の抽出のためにみなさんが投入した項目「Survival」が表示されます。「Conditions tested」には，

---

[9] 投入すべき条件を誤った場合，[Reset] をクリックしても，結果（Outcome）しかリセットされないようです。条件（Conditions）を訂正したい場合は，[Cancel] してもういちど最初からやり直してください。

[10] 必要条件分析においてこのような条件の和を投入することは稀です。なぜなら，「条件の和」は，個別の条件よりも包含範囲が広く，結果を包含するような必要条件となる可能性が高いため，追加分析する価値が小さいからです。

図表2.7 | 必要条件分析結果（csQCA）

```
Analysis of Necessary Conditions

Outcome variable : Survival

Conditions tested :
            Consistency    Coverage
Design      0.538462       0.777778
~Design     0.461538       0.500000
Quality     0.384615       0.555556
~Quality    0.615385       0.666667
LowP        0.846154       0.846154
~LowP       0.153846       0.250000
SNS         0.538462       0.700000
~SNS        0.461538       0.545455
```

分析に投入した8項目（4つの条件とその否定（○○でない））が並んでいます。

そして，それぞれの条件に対して，それらが必要条件としての性質を有している程度を示す2つの指標，「Consistency（整合度）」と「Coverage（被覆度）」が示されます。これらのうち，必要条件の整合度とは，ひとことでいうと，ある条件が，適切に結果の必要条件になっている程度（整合している程度）を示します。詳しくは，第3章3.1.1項「必要条件の整合度」（75ページ）を参照してください。

一般に，ある条件が結果に対する必要条件とよばれるためには，整合度が0.9以上必要とのコンセンサスがあります（第6章「実践のためのQ&A」[Q20]（195ページ）参照）。ここに掲げた条件候補はいずれも0.9未満（「LowP」の0.846154が最大）です。なので，いずれもブランド生存の必要条件とはいえないと判断されます。見方を変えれば，ブランド生存のために「少なくともこれは必須」という条件はない（やり方はいろいろありそうだ）ともいえます。

また，必要条件の被覆度とは，ある条件を満たす事例について，どの程度の割合で結果が生じているかを示す指標です。詳しくは第3章3.1.2項「必要条件の被覆度」で説明しますが，被覆度が0.5に満たない場合，その抽出された必要条件が意味ある（relevant）ものだとみなされないことがあります（Mello, 2021/2023）。一方，今回の分析では，上記のとおりどの条件も必要条件と判断

されなかった（整合度0.9未満のため）ので，被覆度による判断は行いません。

　なお，一般的な研究では，次節で説明する十分条件分析がメインイベントとなります。必要条件分析は，誤解を恐れずにいえば，十分条件に先立ち「土地勘」を付けるためのステップといえます[11]。たとえば，次に行う十分条件分析の途中で，「この条件があると結果の発生につながりそうだ」というような「仮定」（「方向性期待」という）を分析者の判断で決めなければなりません。そのための手がかりを，必要条件分析を通じて得ることができます（Mello, 2021/2023）。

　ところで，必要条件分析では，整合度や被覆度といった指標を用いて，投入した各条件について個別に，必要条件となっているか否かを検討しました（図表2.7参照）。この点において，条件の組合せ（条件構成）の抽出をめざす十分条件分析とは，趣を異にするといえるでしょう。

2.6　十分条件分析

　前節では，ある結果につながる必要条件すなわち「ある結果が生じるためには必ず○○でなければならない」という条件の抽出を行いました。

　次に，QCAのメインイベントともいえる十分条件分析を行います。すなわち，「これが生じれば，必ずその結果が生じるというような条件」の抽出を行います。今回の例では，デザイン，品質，価格，SNSといった条件のうち，「これらが組み合わされば必ずブランドが生存する」という条件（の組合せ）の抽出をめざします。このプロセスは，真理値表分析（truth table analysis）とよばれます。

　fs/QCAソフトウェアを使った十分条件分析の大まかな流れは以下のとおりです。

---

[11] 必要条件の意義や指標の確認については，第6章「実践のためのQ&A」[Q19]（194ページ）を参照してください。

> ① 不完備真値表作成
> ② 「結果あり」の判断（基準にもとづき，研究者が判断して入力）
> ③ 中間解生成のための方向性期待の指定・分析実行
> ④ 解式の形式の選択
> ⑤ 解式の出力・解釈

それでは順に見てみましょう。

2.6.1 不完備真値表の作成

（1）データを取り込んだ状態で，メイン画面上部にある［Analyze］，そして真理値表分析を意味する［Truth Table Algorithm］をクリックします。すると，「Select Variables」というウィンドウが開きます[12]。これは，十分条件分析を行うにあたり，ローデータ行列に含まれる属性のうち，どれを条件として分析に投入し，どれを結果とするか等を指定する画面です。

（2）「Select Variables」画面中，左側［variables］欄には，ローデータ行列に含まれている属性（変数：variable）が列記されています。その中で，「結果」として指定したい属性を選択した状態で［Set］をクリックすると，当該属性が［outcome］（結果）欄に移ります（［variable］欄からは消えます）。ここでは，「Survival」を選択した状態で［Set］をクリックすることによって「Survival」を結果（outcome）として指定します[13]。

次に，その他の属性を，［causal conditions］すなわち原因条件（候補）として指定します。たとえば「Design」を選択した状況でウィンドウ中央の［Add］をクリックすると，「Design」が［causal conditions］すなわち原因条件（候補）の欄に移ります。同様に他の属性（「Quality」，「LowP」および「SNS」）も順に，

---

[12] QCAでは，結果に影響を及ぼす要因のことを条件とよび，変数（variable）とよばないのが基本です。しかしこの画面表示のように，変数という表現も使わないわけではありません。ここでは，「ああ，条件を選べといってるんだな」と軽く流してください。

[13] ちなみに，当該属性を選択した状態で［Set Negated］をクリックすると，当該属性の否定が［outcome］（結果）欄に移ります。たとえばここで「生存」を選択した状態で［Set Negated］をクリックすると，［outcome］欄には，「~生存」（生存しない）が表示され，「『生存しない』ための十分条件」を抽出できるようになります。これが「生存のための十分条件の否定」と異なることに注意してください。

図表2.8 | Select Variables（十分条件分析のための条件・結果指定）画面

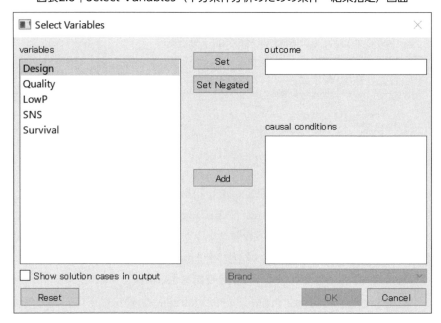

選択，[Add] を繰り返します。なお，必要条件分析のように，「~Design」のような条件の否定を追加することはできません（しなくてもソフトが自動で各条件の否定も含めて検討してくれます）。

そして，[variables] 欄の下の [Show solution cases in output] にチェックを入れます。こうすると，分析結果の出力において，解を構成する条件構成にどの事例（今回の分析ではブランド）が該当しているのかといった情報が表示されます。[Show solution cases in output] の横の欄を見ると今回は「Brand」がデフォルトで表示されていますが，このように，原因や結果となるような属性（「1 or 0」のような「あり／なし」の情報を示した属性）以外の属性がデフォルトとして表示されます。

ここまで進むと，[OK] をクリックできるようになります。分析投入すべき属性を入れ替えたいような場合は，[Reset] を押すと，選択済みの属性が元に戻り，最初から選択し直すことができます。

[OK] をクリックすると，「Select Variables」ウィンドウが閉じて，「Edit

Truth Table」ウィンドウが開きます。これが真理値表（truth table）です。厳密にいうと，現時点では「不完備真理値表」です（図表2.9）。

図表2.9 | Edit Truth Table画面（不完備真理値表）

Design	Quality	LowP	SNS	number	Survival	cases	raw consist.	PRI consist.	SYM consist
0	0	1	0	3 (14%)		cases	0.666667	0.666667	0.666667
0	0	1	1	3 (28%)		cases	1	1	1
0	1	0	0	2 (38%)		cases	0	0	0
1	1	0	0	2 (47%)		cases	1	1	1
0	1	0	1	2 (57%)		cases	1	1	1
0	0	0	0	1 (61%)		cases	0	0	0
1	0	1	0	1 (66%)		cases	1	1	1
0	1	1	0	1 (71%)		cases	0	0	0
1	1	1	0	1 (76%)		cases	1	1	1
0	0	0	1	1 (81%)		cases	0	0	0
1	0	0	1	1 (85%)		cases	0	0	0
1	0	1	1	1 (90%)		cases	0	0	0
0	1	1	1	1 (95%)		cases	1	1	1
1	1	1	1	1 (100%)		cases	1	1	1
1	0	0	0	0 (100%)					
0	1	0	1	0 (100%)					

2.6.2 「結果あり」の判断

さて，いよいよこの不完備真理値表に基づき，分析者によるいくつかの判断を加えて，完備真理値表を作成し，十分条件の抽出を目指します。

その第1段階として，各条件構成（行）に対する「結果あり」の判断を行います。その具体的な意味は次のとおりです。

ある条件構成を持つ事例すべてで「結果」が生じていれば話は簡単です。しかし，現実のデータはそうシンプルではありません。結果の生じている事例と生じていない事例が混在しているような条件構成（「矛盾行」などとよばれます）が，しばしば生じます。そのような条件構成について，「この条件構成のもとでは結果が（必ず）生じるとみなす」，あるいは「結果が生じるとはいいきれない」といった判断を，いくつかの基準に基づき，分析者自らが行うのです。ここでは，その判断の方法について説明します。

「結果あり」の判断の具体的な手順については（4）で説明しますが，その前に，この不完備真理値表の読み方を説明しましょう。

（1）不完備真理値表の説明①：条件
真理値表の1行は，1つの条件の組合せ（条件構成）に対応しています。たとえば図表2.9の第1行は，「デザイン性＝0（なし）」，「高品質＝0（なし）」，「低価格＝1（あり）」，「SNS＝0（なし）」の4条件の組合せを示しています。真理値表は，ローデータ行列（図表2.5）と，似ているようで全く別物です。ローデータ行列では，1行が1事例を表していたのを思い出してください。

（2）不完備真理値表の説明②：度数と事例ID
表頭に表示されている4属性の右側にある［number］は，この条件構成に該当する事例数（第1行では「3」）と，全事例に占める累積相対度数（同「14％＝3/21」）です。

1つ飛ばして2つ右の列［cases］をクリックすると，具体的な事例すなわちBrand名（ここではH，O，U）が表示されます。カッコ中，最初の数字が条件構成に該当しているかを，次の数字が結果が生じているかを，それぞれ1（1.00）または0（0.00）で示しています。ここに示される事例は条件を満たしているはずですから，csQCAの場合，最初の数字は1.00になります。

（3）不完備真理値表の説明③：条件構成と論理残余
クリスプ集合QCA（csQCA）の場合，各属性のとる数値は1か0かの2とおりです。なので，条件の数をnとすると，条件構成の数は2^nとおりになります。この例は4条件ですので，条件構成の数（行の数）は，16（＝2^4）とおりということになります。条件の数が1つ増えると，行の数は倍になります。

表頭には各条件（Design等）が4つ記載され，その次に［number］という列が示されています。この［number］は各条件構成に該当する事例数を表しています。

今回の例では，最下部の2行について，この［number］が0となっています。これは，この条件構成に該当する事例が観測されなかったということを示しま

す。このように事例の存在しなかった条件構成（行）は、「**論理残余（logical remainder）**」とよばれます[14]。論理残余が生じるのは珍しくありません。前述のとおり、条件が増えるにつれ行数は倍々ゲームで増えますので、条件数に比して事例数が少ない場合、論理残余は増加していきます。論理残余行の扱いについては後述します。

（4）「結果あり」の判断

少し戻ると、ローデータ行列（図表2.2および図表2.5）の各行は、個別事例についての条件と結果の値を示していました。当然ながら、結果（ここでは「Survival」）も、1（あり）か0（なし）か、収集済みデータから得られた値が示されていました。

しかし、不完備真理値表では「結果」である「Survival」の列が空欄になっています。ここでは、分析者が、各行について生存（Survival）「あり（1）」とするか「なし（0）」とするかを判断しなければなりません。「この条件が揃っていたら（十分条件として）必ず結果が生じる」かどうかを分析者が決める必要があるのです。この列が空欄になっているというのは、「分析者自らで入力してください」ということを示すものでもあります。

ある条件構成に属するすべての事例が結果「あり」、あるいは結果「なし」であれば話は簡単です。しかし実際には、たとえばある条件構成に4事例が該当していて、そのうち3事例では結果「あり」、残り1事例では結果「なし」というような、結果が一貫しないというようなことがしばしば（当たり前に）生じます。このような条件構成は、**矛盾する条件構成**（contradictory configuration）あるいは**矛盾行**（contradictory row）とよばれます。分析者は、このような矛盾する条件構成も含め、各行について結果あり／なしを判断しなければならな

---

[14] 論理的に可能な条件構成数が事例数を超えてしまう状況を、**限定的多様性**（limited diversity）とよびます。論理残余は、単純に条件構成数が事例数と比して多いという理由以外に、「ありえない」条件構成が存在する場合にも生じます。たとえば、統計分析において「大学院卒以上」と「大卒以上」という順序付きダミー変数を投入することは普通ですが、これらをQCAにおいて投入すると、「大学院卒以上」かつ「大卒以上でない」という、（稀な例を除き）ありえない構成条件が生成され、論理残余が生じてしまいます。
　なお、論理残余については、第3章3.3節（84ページ）にて、その扱いも含め、より詳しく説明します。

いのです。

　そして，その判断基準は，①度数（事例数）と②整合度の2点です。

　フローチャート（図表2.10）に従い，以下のロジックで，結果を示す[Survival]列の各欄に「1を入力」，「0を入力」，または「空欄のままとする」のいずれとするかを決めてください。

---

① **度数基準による判断：**
　度数基準を満たさない場合，空欄のままとする（論理残余として扱う）。
　度数基準を満たす場合，整合度基準による判断進む。
② **整合度基準による判断：**
　整合度基準を満たさない場合，結果に「0」を入力する。
　整合度基準を満たす場合，結果に「1」を入力する。

図表2.10｜「結果あり」の判断フロー（csQCA）

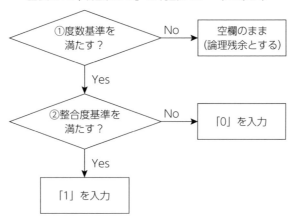

　以下，度数基準と整合度基準について説明します。

① **度数基準：十分な事例数（frequency）があるか**

　結果あり／なしの判断を行う上で，一定の観測事例が必要だと認識されています。ある条件を満たす事例において100％結果が生じていたとしても，その事例数が少ない場合には，その条件構成が十分条件と判断することはできない

と考えるのです。このような事例数による基準を，**度数基準**（frequency cutoff）とよびます。度数基準については，第6章「実践のためのQ&A」[Q15]（190ページ）も参照してください。

大規模サンプル（Large-N）による研究の場合は複数事例（2事例以上）必要としますが[15]，小規模サンプル（Small-N）（N＝12〜50）の場合は，1事例でも十分とみなすことが一般的です（Greckhamer et al., 2018）。

具体的手順としては，不完備真理値表（図表2.9）において，[number]（事例数）が度数基準未満の条件構成（行）については，観測されていないもの，すなわち論理残余と同じとみなし，「結果」の有無について判断は保留し，「結果」列（ここでは「Survival」列）は空欄のままとします。一方，度数基準を満たした行（条件構成）については，次に，整合度に基づく判断に進みます。

② **整合度基準（素整合度（raw consistency）基準）：十分な整合度があるか**

このステップでは，度数基準を満たした各行について，その行に該当する事例のうち「結果」が生じているものの割合に基づき，当該行の「結果あり」あるいは「結果なし」を判断します。

具体的には，各行について，画面上，素整合度（[raw consist.]と表示）の値が**整合度基準**（consistency cutoff）以上の場合，その行の結果列（ここでは「Survival」）に「1」を記します。一方，素整合度が整合度基準未満の場合，結果列に「0」を記します。

ここで，**整合度基準**すなわち「その条件構成が十分条件（の一部）として満足なものとみなすことのできる基準」の値としては，**0.8や0.75**が適用されます。0.8というと，10事例中8事例以上では結果が生じている（5分の1までなら例外があってもOK）という状態です。整合度基準0.8を当てはめるとは，「10事例中8事例以上で結果が生じていれば，20％（2事例）の例外には目をつぶって，一般にこの条件構成のもとでは必ず結果が生じる（はず）とみなす」と判断するということです。十分条件の整合度の詳細については，第3章3.2.1項および第6章「実践のためのQ&A」[Q16]（191ページ）を参照してください。

---

[15] たとえば，Fiss（2011）の研究（N＝205）では，3事例以上の条件構成のみを十分条件に組み入れています。

本事例において、1行目ではこの［raw consist.］（素整合度）の値が「0.666667」となっています。これは、先に［cases］欄で見たように、この条件を満たす3事例中2事例、すなわち3分の2（＝0.666667）で結果が生じているということを示しています。この行については、整合度基準を0.8としても0.75としてもこれに及びませんので、「結果なし」として「0」を記入することになります。このように、（度数基準を満たした行のうち）［raw consist.］の値が、自身で決めた整合度基準の値（通常、0.8または0.75）以上の行については、「Survival」に「1」を、当該基準未満の行については「Survival」に「0」を記すのです[16]。

さて、ここでは、上記①度数基準として「事例数≧1」を、②整合度基準として「素整合度≧0.8」とすることとしましょう。このため、不完備真理値表中、「Survival」列について、以下のとおり入力します（その前に、脚注16に従い、［raw consist.］順にソートしておくと便利です）。

> ➤ 事例数（［number］）が1未満（＝0）の行（計2行）は、何もしない。
> ➤ 事例数（［number］）が1以上の行のうち、
>   ◇ ［raw consist.］が0.8以上の行（計7行）には「1」を入力する。
>   ◇ ［raw consist.］が0.8未満の行（計7行）には「0」を入力する。

図表2.11は、上記に従い「結果」の属性値を入力した後の画面です。

次に、2つある論理残余行（事例数0の行）のうち、最も上にある行の「Survival」（または、いずれかの条件あるいは［Number］）欄を選択（塗りつぶし）状態にしてください。その状態で、［Edit］から［Delete current row to last row］（現在の行から最終行までを削除）を選択してください[17]。そうすると、2つあった論理残余行が消えます。これが完備真理値表です（図表2.12）。

なお、ここまで「結果」の値（1または0）を逐一入力しましたが、自動ですべての値を入力し、かつ論理残余行を削除する機能があります。すでに図表

---

16 真理値表の最上部の列タイトル（表頭）の項目をクリックすると、その列の値（昇順や降順）でデータがソートされます。ここでは、［raw consist.］をクリックして、整合度の降順に並べると、作業しやすいでしょう。

第2章 csQCAでYes/No型データを分析する　55

図表2.11 | Edit Truth Table画面（「生存（Survival）」値入力後）

Design	Quality	LowP	SNS	number	Survival	cases	raw consist.	PRI consist.	SYM consist
0	0	1	1	3	1	cases	1	1	1
1	1	0	0	2	1	cases	1	1	1
1	0	1	1	2	1	cases	1	1	1
1	0	1	0	1	1	cases	1	1	1
1	1	1	0	1	1	cases	1	1	1
0	1	1	1	1	1	cases	1	1	1
1	1	1	1	1	1	cases	1	1	1
0	0	1	0	3	0	cases	0.666667	0.666667	0.666667
0	1	0	0	2	0	cases	0	0	0
0	0	0	0	1	0	cases	0	0	0
0	1	1	0	1	0	cases	0	0	0
0	0	0	1	1	0	cases	0	0	0
1	0	0	1	1	0	cases	0	0	0
1	1	0	1	1	0	cases	0	0	0
1	0	0	0	0					
0	1	0	1	0					

図表2.12 | Edit Truth Table画面（完備真理値表）

Design	Quality	LowP	SNS	number	Survival	cases	raw consist.	PRI consist.	SYM consist
0	0	1	1	3	1	cases	1	1	1
1	1	0	0	2	1	cases	1	1	1
1	0	1	1	2	1	cases	1	1	1
1	0	1	0	1	1	cases	1	1	1
1	1	1	0	1	1	cases	1	1	1
0	1	1	1	1	1	cases	1	1	1
1	1	1	1	1	1	cases	1	1	1
0	0	1	0	3	0	cases	0.666667	0.666667	0.666667
0	1	0	0	2	0	cases	0	0	0
0	0	0	0	1	0	cases	0	0	0
0	1	1	0	1	0	cases	0	0	0
0	0	0	1	1	0	cases	0	0	0
1	0	0	1	1	0	cases	0	0	0
1	1	0	1	1	0	cases	0	0	0

17　ここで，[Delete current row to last row]その他の機能が薄字になって，選択できない状態であることがあります。このようなときには，「Survival」欄をダブルクリックしてカーソルを表示させ，その上で別の欄を選択，もういちど「Survival」欄を選択すると，[Delete current row to last row]他が使えるようになるようです。

2.11の状態まで進んでいる場合は，画面左下の［Reset］をクリックすることによって，元の不完備真理値表（図表2.9）の状態に戻ってください。この不完備真理値表の状態で，［Edit］から［Delete and code …］を選択してください。すると，図表2.13のようなダイアログ画面が現れます。

図表2.13｜ダイアローグ
（十分条件抽出のための度数基準・整合度基準指定画面）

```
■ Dialog                                                    ×
Delete rows width number less thar     │1          │  OK
and set Survival to 1 for rows with consist >=  │.8  │  Cancel
```

今回は度数基準として「事例数≧1」を，整合度基準として「素整合度≧0.8」をとると決めましたので，これらの条件をこのダイアローグで指定します。

> 度数基準に関し，[Delete rows width number less thar][18]（事例数○○未満の行を削除）の右の欄に，「1」を入力する。
> 整合度基準に関し，[and set Survival to 1 for rows with consist>=]（整合度○○以上の行について，「Survival」の値を1に設定）の右の欄に，「.8」を入力する。

そして，［OK］をクリックしてください。すると，先ほどの「Survival」値指定等の作業が一括処理され，真理値表は図表2.12と同じ状態になります。

2.6.3　中間解生成のための方向性期待の指定・分析実行

十分条件分析に必要な条件の指定をさらに続けます。「Edit Truth Table」画面右下の［Standard Analyses］をクリックしてください。すると「Intermediate Solution」（図表2.14）ウィンドウが現れます。これは，十分条

18　正しくは，"Delete rows with number less than" と思われます。

件に関する中間解（intermediate solution）導出に適用される「反事実仮定」を入力するものです。その意味をこれから説明します。

図表2.14 | Intermediate Solutionウィンドウ
（中間解導出のための方向性期待指定画面）

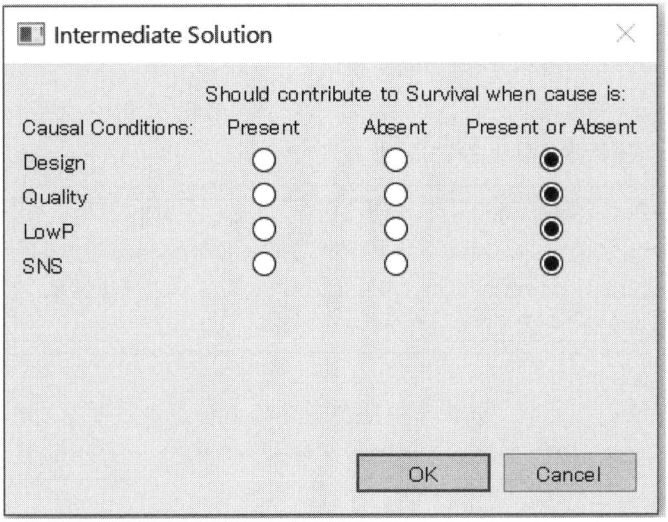

Causal Conditions:	Should contribute to Survival when cause is:		
	Present	Absent	Present or Absent
Design	○	○	●
Quality	○	○	●
LowP	○	○	●
SNS	○	○	●

先ほど，完備真理値表（図表2.12）において「Survival＝1」とした7つの行は，いずれも「生存」に対する十分条件（を構成する要素）です。しかし，このままでは，何が生存につながるのかを読み取ることはほぼ不可能です。このため，QCAでは，解をシンプルな形に「最小化」します。最小化の結果得られる解には，「複雑解」，「中間解」および「最簡解」の3種類があります。これらの違いの詳細については，第3章3.3節（84ページ）を参照してください。このステップでは，それらのうち「中間解」を求めるための条件を，分析者が指定します。

中間解や最簡解の導出においては，「事例が観測されなかった条件構成」の一部について，「もしその条件構成を示す事例が観測されていたら，『結果』が生じていただろう」という仮定を加えます。この仮定のことを反事実仮定といい，反事実仮定をおくことを，「反事実分析」（counterfactual analysis）といい

ます[19]。

　中間解導出では，分析者が想定する反事実仮定を分析に反映させるために，各条件の「あり」あるいは「なし」のいずれが結果発生に対してプラスに作用するだろうかという「方向性期待」（directional expectations）を指定します[20]。

　「Intermediate Solution」ウィンドウ（図表2.14）では，縦に，分析に投入した条件（Causal Conditions）が並んでいます。これらによる，結果「生存（Survival）」への寄与の方向性期待を指定します。このため，［Should contribute to Survival when cause is：］（原因が○○のとき，結果「生存」に寄与する）に対し，以下の選択肢が用意されています：

> - Present：条件「あり」が，結果「生存」の生じる方向に作用すると仮定
> - Absent：条件「なし」が，結果「生存」の生じる方向に作用すると仮定
> - Present or Absent：条件「あり」か「なし」か，いずれが結果「生存」の生じる方向に作用するかはわからないと仮定

　たとえばここでは，デザイン性が生存につながるとみることにして，「Design」の右側の［Present］をラジオボタンで選択してください。同様に，「Quality」および「LowP」は生存につながるとみて，［Present］を選択してください。一方，ひとまずSNSでの発信が生存につながるかどうかはわからないと考えて，［SNS］については［Present or Absent］を選択してください。

　この方向性期待の内容を決めるのは分析者です。なので，分析者には，各条件（の有無）がどのように結果発生に作用するかに関する，先行研究等に基づく理論的知識や事例にかかわる深い知識が要求されます。

19　反事実仮定は，反実仮想ともよばれます。古文で習った，「ませば…まし」,「ましかば…まし」,「せば…まし」みたいですね。ただし，古文の反実仮想は「事実に反することを想定し，想像すること」です。一方，QCAでは「事実に反すること」ではなく「事実として観察されなかったこと」を想定します。

20　最簡解導出においては，理論や実態との整合を考えることなく，とにかく最終的な解（解式）がシンプルになるよう，ソフトウェアが自動的に想定を加えます。一方，複雑解の場合，反事実想定は一切加えられず，観測されたデータのみによって解を最小化します。ただし，この反事実想定に関する制約のため，複雑解は，中間解や最簡解ほどには解をシンプルにできず，解はある程度複雑なままとなります。詳しくは，第3章3.3節（84ページ）を参照してください。

図表2.15 | Intermediate Solutionウィンドウ
(方向性期待を指定した状態)

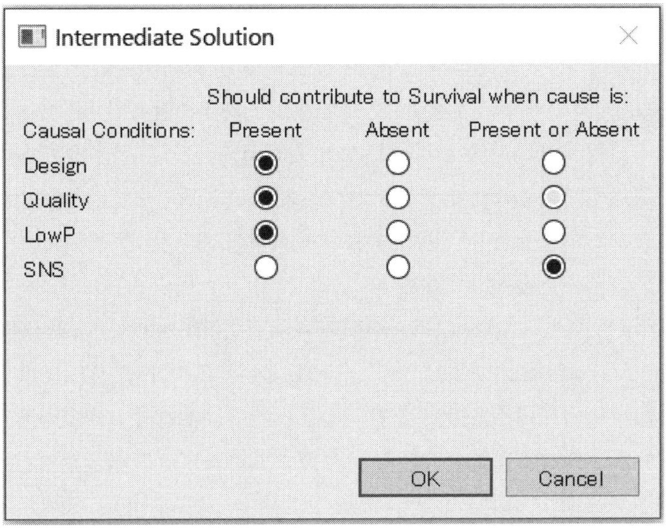

なお，ここで選択した条件はあくまで仮想の例です。低価格でないほうが利益が上がり生存につながるとみれば，「LowP」を「Absent」とします。また，SNSは炎上するリスクを無視できないとみて［Present or Absent］としましたが，このあたりは理論（先行研究）や分析者の土地勘・経験に基づく判断となります。

2.6.4　解式の形式の選択

ここで，場合により，「Prime Implicant Chart」（主項表）ウィンドウが現れることがあります（現れないこともあります）。これは，解の表現の形式の候補が複数ある場合に，分析者にそれを選ばせるものです。解式の表現においてどの素条件を中心に据えるかという点について，分析者の好みを反映させることができます。適宜候補を選んでチェックを入れると［OK］をクリックできるようになります。

2.6.5 解式の出力・解釈

すべての反事実仮定（および場合により，解式の形式）を選択したら，[OK]をクリックします。するとメイン画面（右側）に分析結果が表示されます。

ここでfs/QCAソフトウェアが行ったのは，**解式の最小化**（「縮約」ともいう）という作業です。すなわち，真理値表（図表2.12）に示された各条件構成と結果の関係を，後述するようなシンプルな解に変形します。解式の最小化の考え方については，補論A「解式の最小化の考え方」（203ページ）にまとめましたので，こちらを参照してください。

1回の分析で，「COMPLEX SOLUTION」（複雑解），「PARSIMONIOUS SOLUTION」（最簡解），および「INTERMEDIATE SOLUTION」（中間解）の3種の解が，この順に出力されます。これらの解はそれぞれ異なる考え方に基づくとともに，異なる結果となる傾向を持っています。これら3種の解については，第3章3.3節および第6章「実践のためのQ&A」[Q18]（193ページ）を参照してください。

また，解そのものに加え，その解に関連したさまざまな指標が出力されます。出力形式やその内容は3つの解に共通なので，ここでは，中間解を取り上げてその読み方を説明します（図表2.16）[21]。

出力結果のおおまかな構成は以下のとおりです。

---
① 分析内容の要約（使用ファイル名，分析モデル，最小化アルゴリズム）
② 解導出に適用した設定（度数基準，整合度基準，反事実仮定）
③ 解と評価指標（被覆度，整合度等）
④ 解の各項に該当する事例とその属性値
---

[21] メイン画面の結果欄には，行った分析の結果が順に出力されます。たとえばここで，先に必要条件分析を行っている場合，今行った十分条件分析の結果は先の必要条件分析の結果の下に出力されます。今回の場合，「TRUTH TABLE ANALYSIS」から下が，今の十分条件分析の結果です。なお，ある分析結果の出力と次の分析結果の出力の間に空行がなく，若干見づらくなっています。また，出力がズレていることも多いので，注意して読み取ってください（2.7節で結果をテキストファイルとして保存する方法を説明していますが，テキストファイルに保存した結果には，このようなズレが生じないようです）。図表2.16は，そのようなズレを修正した上で結果を図示しています。

以下，これらについて説明します。

図表2.16 | 十分条件分析結果（中間解）

```
***************************
*TRUTH TABLE ANALYSIS*
***************************

File：(パス名およびファイル名)
Model：Survival=f(Design, Quality, LowP, SNS)     ①
Algorithm：Quine-McCluskey

--- INTERMEDIATE SOLUTION ---

frequency cutoff：1
consistency cutoff：1
Assumptions：
Design  (present)                                  ②
Quality (present)
LowP    (present)

                        raw          unique
                        coverage     coverage     consistency
                        ---------    ---------    -----------
Design*LowP             0.384615     0.0769231    1
LowP*SNS                0.538462     0.307692     1            ③
Design*Quality*~SNS     0.230769     0.153846     1
solution coverage：0.846154
solution consistency：1

Cases with greater than 0.5 membership in term Design*LowP：B(1,1),
   J(1,1), R(1,1), S(1,1),
   T(1,1)
Cases with greater than 0.5 membership in term LowP*SNS：C(1,1),
   G(1,1), J(1,1), M(1,1),                                        ④
   N(1,1), R(1,1), S(1,1)
Cases with greater than 0.5 membership in term Design*Quality*~SNS：A(1,1),
   K(1,1), T(1,1)
```

① 分析内容の要約

結果冒頭，「TRUTH TABLE ANALYSIS」の下，「File」として，分析に使用したcsvファイルのパスとファイル名が表示されています。

その次の「Model」は，分析対象となったモデル，すなわち，どの「結果」を，どの「条件」の観点から検討したかを示します。その中で，

Survival＝f(Design, Quality, LowP, SNS)

とあるのは，「『生存（Survival）』を，『デザイン性（Design）』，『高品質（Quality）』，『低価格（LowP）』，『SNSでの発信（SNS）』の関数（f：function）として表現した」との意味です。

「Algorithm」は，真理値表に示された条件を解式に最小化する際にQuine-McCluskey minimization procedure（クワイン・マクラスキー法）というアルゴリズムが使用されたことを示しています（Fiss, 2007 ; Ragin, 2009）[22]。

② 解導出に適用した設定

「--- INTERMEDIATE SOLUTION ---」より下の部分で，中間解に関するより具体的な分析結果が示されています[23]。

そのうち最初に示されるのは，解導出に際し分析者が適用した基準等の設定条件です。

---

[22] クワイン・マクラスキー法は，複雑な論理式のうち共通部分を持つ項をまとめるという操作を繰り返し，可能な限りシンプルな式に変形（最小化）するためのアルゴリズムの1つです。最小化のごく基本的な考え方については，補論A「解式の最小化の考え方」（203ページ）を参照してください。QCAユーザーとしては，「式をシンプルにする上で何らかのアルゴリズムが用いられている」という程度の理解でよいと筆者は考えます。共分散構造分析を行う上で，専用ソフトSPSS AMOSにおけるパス係数計算アルゴリズムを熟知していなくてもさほど問題ないのと同様です。

　クワイン・マクラスキー法について詳しく知りたい方は，論理回路のテキストなどを参照してください。筆者は，ミューズ氏提供『ミューズの情報教室』（URL：https://musemyuzu.com/）という情報系動画サイトの中の，「【論理回路】カルノー図の友達を連れてきました。クワイン・マクラスキー法をわかりやすく解説！【QM法】」という動画で学びました。

[23] ここでは省略していますが，「--- COMPLEX SOLUTION ---」および「--- PARSIMONIOUS SOLUTION ---」の見出しの後には，それぞれ複雑解および最簡解（ならびにそれらの関連情報）が出力されています。内容は，「Assumptions」の項目が中間解にしか示されない点を除き，いずれの解も同じです。

「frequency cutoff：1」は，先ほど，2.6.2項「「結果あり」の判断」で入力した度数基準を満たす条件構成の事例数のうち，最小のものを示しています。先ほど度数基準1（該当する事例が1つでもあれば，整合度基準による判断に進む）と指定しました。今回，この基準を満たす1事例の条件構成が（多数）ありましたので，「1」が示されています。

「consistency cutoff：1」は，先ほど入力した①整合度基準を満たす条件構成の整合度のうち，最小のものを示しています。先ほど整合度基準として「0.8」を入力しましたが，ここでは「1」が示されています。実際，今回の例では，0.8以上の整合度を持つ条件構成として，0.8や0.9といった，0.8以上1未満の整合度を持つ条件構成は存在せず，直上の整合度は「1」でした。この数値が示されているのです。

「Assumptions」は，反事実仮定入力画面（図表2.14）において中間解導出のために選択した，結果発生への各条件の影響に関する方向性期待が示されています（複雑解および最簡解の項目には表記されません）。たとえば，「Design (present)」は，デザイン性のあることが結果（生存）につながるという分析者の入力を示しています。なお，「SNS」に関しては先ほど「present or absent」（条件「あり」か「なし」か，いずれが結果「生存」の生じる方向に作用するかはわからないと仮定）を選択したので，ここには示されません。

③ 解と評価指標

さて，設定一覧の下にある表のような箇所が，中間解そのものと，その解を構成する要素（項：term）に関する指標です。

その表のような箇所のうちの左側がまさに中間解です。具体的には，ここに示された3つの行を「OR」（または：「＋」）で結んだものが，中間解となります（出力された解に「＋」は出てきませんが，そう読んでください）。すなわち中間解は以下のとおりになります。

```
Design*LowP
    +LowP*SNS
    +Design*Quality*~SNS
```

言葉にすれば,
　「デザイン性，かつ，低価格」または，
　「低価格，かつ，SNS」または，
　「デザイン性，かつ，高品質，かつ，SNSなし」，
です。

　この解のうち，たとえば第1項「デザイン性，かつ，低価格」は，デザイン性や低価格の一方だけでは不十分で，これら両者が組み合わさることがブランド生存につながることを示しています。また第3項「デザイン性，かつ，高品質，かつ，SNSなし」は，デザイン性があり，高品質であり，そしてSNSでの発信を行っていないことが生存につながる道の1つだと述べています。ここで，「SNS発信はあってもなくてもよい」のではなく，「SNS発信なし」(~SNS)でなければならないという点に注意してください。

　このようにQCAは，何が結果を生むかを考える上で，条件の「組合せ」こそが重要だと考えます。Schneider & Wagemann (2010) は，解式に含まれる個別条件（たとえばこの解式中の「デザイン性」，「SNS」など）を，過度に解釈してはならないと警告しています。各条件はあくまで他の条件と組み合わさってはじめて結果を生じさせると考えるのです[24]。

　さて，この解に関して複数の指標が表示されていますが，これらは，大きく2つのカテゴリーに区分されます。すなわち，解全体に対する指標と，解を構成する個別の項に対する指標です[25]。

　解全体に対する指標としては，さきほどの解の各項の下に，「solution coverage」（解被覆度）と「solution consistency」（解整合度）が表示されています。これらはそれぞれ，解全体（3つの項をOR（または）で結んだ全体）に対する指標です。

　ここでは，「solution coverage」（解被覆度）=0.846154となっています。これ

---

[24] もちろん分析の結果，単一条件が，他の条件と組み合わさることなく十分条件（の一部）になることもあります。
[25] ここでは，各指標についておおまかな説明しかしていません。詳しくは第3章3.2節で説明します。

は，この解に相当する事例（より具体的には3つの項のうち少なくとも1つを満たした事例）の数が，「結果」を生じた事例の数の約84.6％を占めていることを意味します。ローデータ行列（図表2.2および図表2.5）を見ると，「生存」したブランドは13事例ありました。

一方，条件を満たした事例は以下のとおりでした。

> ➢ 第1項（Design*LowP）：5事例（B，J，R，S，T）
> ➢ 第2項（LowP*SNS）：7事例（C，G，J，M，N，R，S）
> ➢ 第3項（Design*Quality*~SNS）：3事例（A，K，T）

ただし，重複を除くと11事例（A，B，C，G，J，K，M，N，R，S，T）です。よって，解被覆度＝11/13＝0.846154となっています。十分条件の被覆度については，第3章3.2.2項（82ページ）を参照してください。

また，解整合度は「1」となっています。十分条件の整合度は，ある条件構成を満たした事例のうち，結果が生じている事例の割合です（詳しくは第3章3.2.1項（81ページ）を参照してください）。ここに示される「1」（＝100％）は，条件を満たした事例ですべて結果（生存）が生じていたことを意味しています。

上記11事例（ブランド）においてすべて結果が生じていることを，ローデータ行列（図表2.2および図表2.5）で確認してください。一方，ローデータ行列によると，ブランドHとUは「生存」しているにもかかわらず，上記第1～3項のいずれにも含まれていません。これらのブランドは最小化に伴い解から除外される結果となっています。解被覆度は11/13でしたが，このブランドHとUこそ，解に「被覆」されていない「2/13」（＝約15.4％）相当分なのです。

出力結果中，少し上に戻ると，解の各項それぞれに関する指標として，「raw coverage」（素被覆度），「unique coverage」（固有被覆度），および「consistency」（整合度）が，各項の右側に示されています。たとえば一番上の項「Design*LowP」の場合，素被覆度＝0.384615，固有被覆度＝0.0769231，整合度＝1です。

これらのうち，素被覆度は，結果が生じている全事例のうち，当該条件（項）を満たしている事例の割合を示しています。「Design*LowP」は5事例（B，J，R，S，T），そして，結果が生じている事例は（解に被覆されていないものを

含め）13事例でした。なので，第1項の素被覆度＝5/13＝0.384615 となります。

なお，先に見たように，複数の項に該当する事例も存在します。たとえばブランドJは，第1項（Design*LowP）と第2項（LowP*SNS）の双方に該当します。このような重複部分を取り除き，各項固有のインパクトを測定するために，固有被覆度（unique coverage）が使用されます。**固有被覆度**は，結果が生じている全事例のうち，**当該条件（項）のみを満たしている事例の割合**を示しています。第1項（Design*LowP）を満たす事例は5事例（B，J，R，S，T）ありましたが，これらのうち，J，R，Sは第2項（LowP*SNS）にも該当しています。同様に，Tは第3項（Design*Quality*~SNS）にも該当します。よって，第1項のみを満たして他の項に該当しないものは，1事例（B）だけでした。なので，第1項の固有被覆度＝1/13＝0.0769231 となります。

なお，固有被覆度や素被覆度が高い項が，これらの低い項より重要かというと，自動的にそう判断できるわけではありません（そうできることも多いのですが）。たとえば，第1項（固有被覆度＝0.0769231）より第2項（固有被覆度＝0.307692）のほうが重要とは限りません。データによる経験的な関連性（empirical relevance）が理論的関連性（theoretical relevance）を保証するわけではないのです（Schneider & Wagemann, 2010）。

そして，**素整合度**は，各項の条件を満たす事例のうち，結果が生じている事例の割合，すなわち，当該条件が完全な十分条件に近い程度を示します。ここで第1項を満足する5事例ではすべて結果が生じていたので，第1項の素整合度＝5/5＝1となります。

④ 解の各項に該当する事例とその属性値

そのさらに下の「Cases with …」は，各条件項を満たす事例について，条件と結果を満たしているかを列記しています。たとえば第1項について以下のとおり表示されています。

```
Cases with greater than 0.5 membership in term Design*LowP : B(1,1),
   J(1,1), R(1,1), S(1,1),
   T(1,1)
```

ここで,「Cases with greater than 0.5 membership in term Design*LowP」とは,「条件『Design*LowP』を満たしている事例」という意味です。なお,「属性値が1であるような」とすればわかりやすいのですが,わざわざ「属性値が0.5より大きい」のような表現にしたのは,この文がfsQCAにも当てはまるようにしたためです。詳しくは,第4章4.5.1項（111ページ）および補論B「fsQCAにおける各事例の条件構成への割り当て」（206ページ）で説明します。

B（1, 1）の1つめの「1」は,条件を満たしているという意味です（当然,ここに列記されている事例はすべてそうなっています）。2つめの「1」は,結果が生じていることを意味します。今回はすべて「整合度＝1」すなわち「条件を満たしているものは結果が生じている」なので,（1, 1）ばかりです。しかし,整合度が1でない場合,「条件を満たしているのにもかかわらず,結果が生じていない」事例が存在するということなので,このようなとき,（1, 0）のような事例が発生します[26]。

2.7　真理値表と分析結果の保存

ここまで,必要条件分析や十分条件分析を行ってきました。作成した真理値表と分析結果は,それぞれcsvファイルおよびテキストファイルとして保存することができます。

真理値表（csvファイル）を保存するためには,「Edit Truth Table」ウィンドウ上部にある［File］,そして［Save as CSV File］をクリックし,csvファイルを格納したい場所を表示させます。そして,好みのファイル名を指定して［保存］をクリックします。

分析結果（テキストファイル）を保存するためには,メイン画面上部にある［File］,そして［Save Results］をクリックし,テキストファイルを格納したい場所を表示させます。そして,お好みのファイル名を指定して［保存］をク

---

[26]　なお,「条件を満たさず結果も生じていない事例」も,その条件を結果の十分条件とみた場合の「整合事例」に含まれます（論理学に慣れていないと釈然としないかもしれませんが）。しかしそのような事例（属性値で表せば,（0, 0）となるような事例）は,ここに列記されていません。条件の属性値が0.5を超えていないからです。

リックします。すると，メイン画面右側に展開された分析結果がテキスト形式で保存されます。

また，[File] から [Print Results] に進むと，結果を印刷することができます。ここで [Save as] を選ぶと，結果ではなく画面左側のローデータ行列がcsvファイルとして保存されます。

2.8　結果の報告：QCA論文での結果の書き方・読み方

さて，前節ではcsQCAによる分析の手順について説明しました。本節では，その分析結果に関して，論文の「結果」節において何をどのように示すかについて述べます。またそれに先立ち，「方法」節において記載すべき事項についても触れます。

2.8.1　「方法」節において記載すべき事項

分析プロセスの詳細を示し，再現性を確保するという点において，「方法」節で述べるべき内容は，統計分析による研究論文の場合に近いといえます。主な内容は以下のとおりです。

- ➢ 分析モデル
    - ◇ 条件と結果の定義
- ➢ データ
    - ◇ サンプリング方略とサンプル
    - ◇ データ収集方法（面接，質問紙など）
    - ◇ キャリブレーションの基準（結果「なし」，「あり」をどのように判断したか）[27]
    - ◇ ローデータ行列

---

[27] ファジィ集合QCA（fsQCA）の場合，「なし」（= 0），「あり」（= 1）に加え，「どちらかといえばなし」（= 0.33），「どちらかといえばあり」（= 0.67）等の値を付与します。ファジィ集合のキャリブレーションにおいては，クリスプ集合における0/1へのキャリブレーション以上に客観的かつ透明な判断が求められます。

- ➤ 方法
  - ◇ 用いた分析方法（csQCAか，fsQCAか等）
  - ◇ 用いたソフトウェア
  - ◇ 真理値表
  - ◇ 中間解を示す場合，その解を導出する際においた反事実仮定（各条件に対して指定した方向性期待（2.6.3項））

2.8.2 「結果」節において記載すべき事項

この項は，十分条件分析の結果の提示方法について説明します。

「結果」節においては，QCAによる分析の結果，すなわち「解」および当該解にかかる指標（整合度等）を淡々と示します。主な内容は以下のとおりです。

なお，分析の目的等にあわせ，「複雑解」，「中間解」，「最簡解」のいずれかあるいはそれらの組合せに基づき結果を示すことになります[28]。

示すべき情報としては，図表2.16（61ページ）の③と④の内容といえます。これをもう少し見やすく整理すると，図表2.17のとおりとなります（各指標については，小数点以下第2位に四捨五入済み）。

図表2.17｜十分条件分析の結果の提示例

解項	素被覆度	固有被覆度	素整合度	該当事例
デザイン*低価格	.38	.08	1.00	B, J, R, S, T
低価格*SNS	.54	.31	1.00	C, G, J, M, N, R, S
デザイン性*高品質*~SNS	.23	.15	1.00	A, K, T
解被覆度：	.85			
解整合度：	1.00			

示されている情報は以下のようなものです。

---

28 これら3種の解の関係については，第3章3.3節（84ページ～）を参照願います。

> 解を構成する項（ここでは3項）および各項に関する以下の情報
>   ◇ 素被覆度
>   ◇ 固有被覆度
>   ◇ 素整合度
>   ◇ 当該項に該当する事例
> 解全体に関する指標
>   ◇ 解被覆度
>   ◇ 解整合度

この結果は，図表2.17のような形に代え，あるいはこれと併記する形で，図表2.18のような「星取表」（Ragin & Fiss, 2008）の形で示すこともできます[29]。

図表2.18｜十分条件の結果の提示例（星取表）

解項	1	2	3
デザイン性	●		●
高品質			●
低価格	●	●	
SNS		●	⊗
素被覆度	.38	.54	.23
固有被覆度	.08	.31	.15
素整合度	1.00	1.00	1.00
該当事例	B, J, R, S, T	C, G, J, M, N, R, S	A, K, T
解被覆度		.85	
解整合度		1.00	

図表2.17の結果表において，解を構成する各項が順に縦に並び，各項に対する指標が「横書き」となっていたのに対し，星取表（図表2.18）では，各項（1～3）を横に並べ，それらに関連する条件や指標，該当事例を縦に列記するの

---

29 「星取表」の見方については，図表1.4に関連した説明（16ページ）を参照してください。

が一般的です[30]。

　各項（1～3）の条件構成に，ある条件「あり」が含まれる場合は「●」が，「なし」が含まれる場合は「⊗」が記されます。空欄は「どちらでも関係ない」ということを意味します。たとえば解の第3項は，図表2.17にて「デザイン性*高品質*~SNS」として示されていましたが，星取表（図表2.18）では，最右列（解項3で示される列）において上から順に「●（デザイン性あり）*●（高品質あり）*（空欄：低価格は無関係）*⊗（SNSなし）」として示されています。

　条件構成の下3行が各項に対する指標（素被覆度，固有被覆度，素整合度）です。その下の行は，各項に該当する事例を示します。事例JやSのように複数の項に含まれる事例は，複数回現れます。

　最下部の2行は，解全体に対する指標（解被覆度，解整合度）です。これらは，この表においては解2の下に位置しています（左揃えで記載することもあります）が，解2に対するものではないので注意してください。

　なおここでは中間解についてのみ図示しましたが，中間解と最簡解を重ねる表記法もあります。詳細については第3章3.3.4項（98ページ）を参照してください。

---

[30] 行と列を入れ替えて，解項が縦に並ぶような星取表もあります（たとえば，Azuma et al., 2022）。

> **理解度チェック**
> - [ ] csQCAの分析フローが理解できましたか？
> - [ ] fs/QCAソフトウェアによる必要条件分析の出力結果が読めるようになりましたか？
> - [ ] ローデータ行列と真理値表の違いが理解できましたか？
> - [ ] 十分条件分析における「結果あり」の判断の考え方が理解できましたか？
> - [ ] 「結果あり」を判断する上で，なぜ度数基準と整合度基準を適用するのか，理解できましたか？
> - [ ] 論理残余とは何か，理解できましたか？
> - [ ] 中間解導出のための「方向性期待」とは何か，理解できましたか？
> - [ ] fs/QCAソフトウェアによる十分条件分析の出力結果が読めるようになりましたか？
> - [ ] 論文中でのQCAの分析結果の記載（Ragin & Fiss（2008）による「星取表」含む）が読めるようになりましたか？
>
> なお，十分条件の3種の解（複雑解・中間解・最簡解）については，次章で説明します。整合度や被覆度といった指標についても次章で詳しく説明しますので，おおよそのイメージがつかめれば十分です。

第3章

csQCAの考え方：
分析指標と解の種類

> **🔍 ねらい**
>
> 　第2章ではとにかく，csQCAによる分析の流れをスピーディーに体感していただくことに努めました。このため，理論的な説明は最小限に留めました。なので，多くの箇所で「これって何」，「どうしてこうなるの」といった疑問が完全に解決されないままであったと思います。いつまでもこれらの疑問を放置したままというわけにはいきません。
>
> 　このため本章では，csQCAを念頭に，QCAに関連した重要概念の説明を行います。特に，必要条件分析・十分条件分析それぞれに関連して，分析途中の判断や分析結果の評価に用いられた指標すなわち整合度や被覆度について説明します。なお，fsQCAにおいても同様の指標が用いられますが，その公式や意味合いにおいて若干相違点があります。fsQCAにおける指標については，第5章5.5節（158ページ）を参照してください。
>
> 　またこの章では，各種指標に加え，十分条件の解の種類（複雑解・中間解・最簡解）の相違と特徴についても説明します（3.3節）。
>
> 　ひととおりの分析を経験した今であれば，これら指標の意味や解の種類の違いについて，比較的容易に理解いただけると思います。

3.1　必要条件に関する指標

　ここでは，必要条件の整合度と被覆度について，図表3.1を参照しながら，それらの意味を説明しましょう。

図表3.1 | 必要条件の整合度・被覆度

(a) 厳密な意味での必要条件

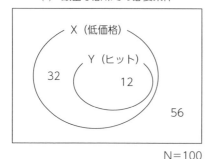

整合度＝12/12＝1.00
被覆度＝12/(12＋32)＝0.27

(b) ほぼ必要条件

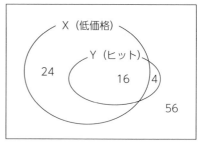

整合度＝16/(16＋4)＝0.80
被覆度＝16/(16＋24)＝0.40

　図表3.1は、「低価格（X）は商品のヒット（Y）の必要条件である」[1]（「ヒットするためには低価格であるということが必要不可欠である」）という命題について、2つの異なる状態を図示しています。図中の数字は、各領域に対応する事例の数（この例では商品件数）です。

　図の(a)は、数学や論理学でいうところの、いわば厳密な意味での必要条件を示しています。つまり、上記命題が100％成立する状況です。具体的には、ヒット商品（Y）12件はすべて低価格（X）です。低価格でないのにヒットしたという商品はありません。

　一方の(b)は、左側と何となく似たような包含関係（楕円間の関係）にありますが、すこし「はみ出した」部分があります。低価格でないのにもかかわらずヒットした商品が4件あるのです。厳密にいうと、これでは低価格であることが必要不可欠とはいえません。すなわち、「X（低価格）はY（ヒット）の必要条件である」という命題は、真っ赤な嘘というわけではないにしても、完全に整合（一貫）している（consistent）とはいえないのです。QCAでは、このよう

---

1 「Y→X」、あるいは、「ヒット→低価格」と書くこともできます。「→」は「ならば」と読みますが、ここには、「YなのでX」といった因果関係や、「Y、しかるのちにX」のような順序関係は含意されていません。記号「→」は単に条件関係を示しているにすぎないのです。

な整合の程度を**整合度**（consistency）とよび，その大小で分析結果等を評価します。

また，解がどれだけの事例を説明する形になっているかを，**被覆度**（coverage）とよんで評価します。図表3.1(b)において，X（低価格）をY（ヒット）の必要条件と見たときの被覆度は，低価格商品すべて（16＋24＝40件）に占めるヒット商品（16件）の割合，すなわち16／（16＋24）＝0.40です。

この節では，必要条件に関する整合度と被覆度の意味について説明します。また，詳しくは後で説明しますが，被覆度とならび，解が分析上の関心に関連するものとなっているかを評価する指標である**必要性の関連性**（RoN：Relevance of Necessity）についても説明します。

3.1.1　必要条件の整合度

まず，必要条件の整合度とは，ある条件が，結果の必要条件になっている程度（整合している程度）を示します。これが1（100％）ならその条件は完全な必要条件です。0ならば，全く必要条件になっていない（結果が生じた事例中，その条件を満たすものが全く存在しない）状態です。

必要条件の整合度は，以下の式で計算します。

（必要条件の整合度）

$$必要条件の整合度 = \frac{当該条件を満たし，かつ，結果が生じている事例の数}{結果が生じている全事例数} \quad (3.1)$$

図表3.1の(a)の場合ですと，分母の「結果が生じている全事例数」，分子の「当該条件を満たし，かつ，結果が生じている事例の数」ともに12です。ゆえに，

$$必要条件の整合度 = \frac{12}{12} = 1 \ (100\%)$$

です。

図表3.1の(b)の場合ですと，分母の「結果が生じている全事例数」は20（＝16＋4），分子の「当該条件を満たし，かつ，結果が生じている事例の数」は16

です。ゆえに，

$$必要条件の整合度 = \frac{16}{16+4} = 0.8 \, (80\%)$$

となります。

　ところで，これら2つのケースを見ると，(a)の場合であれば明らかに低価格はヒットの必要条件といえますが，(b)の場合はどうでしょうか。あるいは，この80%という数字がダメなら，どの程度整合度が高ければその条件は必要条件といえるでしょうか。一般に，ある条件が必要条件とみなされるためには，整合度>90%（Greckhamer et al., 2018, p. 489），あるいは，整合度≧90%（Schneider & Wagemann, 2012, p. 278）を満たすことが必要とされます。イメージとしては，10事例中9事例は条件を満たしていなければならない（1事例くらいは外れがあっても可）といった感じです。ですので，上記(b)の場合，ヒットした20事例中16事例しか条件（低価格）を満たしておらず，整合度＝80%となり，90%の基準を満たしていないので，「低価格はヒットの必要条件とはいえない」ということになります。第6章「実践のためのQ&A」[Q20]（195ページ）も参照してください。

3.1.2　必要条件の被覆度

　次に，必要条件の被覆度とは，ある条件を満たす事例について，どの程度の割合で結果が生じているかを示す指標です。被覆度が1（100%）であれば，その条件を満たすすべての事例で結果が生じています。被覆度が0であれば，当該条件を満たす事例において全く結果が生じていないことを意味します。

　必要条件の被覆度は，以下の式で計算します。

（必要条件の被覆度）

$$必要条件の被覆度 = \frac{当該条件を満たし，かつ，結果が生じている事例の数}{当該条件を満たす全事例数} \tag{3.2}$$

　図表3.1の(a)ですと，分母の「当該条件（低価格）を満たす全事例数」は44（＝32＋12），分子の「当該条件（低価格）を満たし，かつ，結果（ヒット）が

生じている事例の数」は12です。ゆえに，

$$必要条件の被覆度 = \frac{12}{12+32} = 0.27（27\%）$$

となります。

(b)ですと，分母の「当該条件を満たす全事例数」は40（＝24＋16），分子の「当該条件を満たし，かつ，結果が生じている事例の数」は16です。ゆえに，

$$必要条件の被覆度 = \frac{16}{16+24} = 0.40（40\%）$$

となります。

整合度の場合，これが90％以上（あるいは90％超）ないと必要条件とはいえない（整合していない）と判断されると述べました。一方，被覆度についても，これがあまりに小さい場合，その条件は，そもそも「trivial」（些細で取るに足りない）ものである可能性が高くなります。

たとえば，図表3.2において条件「6歳以上」の人が100名います。そのうち1名が英検1級保持者です。このとき，この6歳以上という条件を英検1級の必要条件とみた場合，その整合度は1で，形式上は完全な必要条件です。しかし，その被覆度は1％です。6歳以上でも，英検1級を保持していない人のほうがはるかに多いのです。このような状況において，たとえ「6歳以上」だったとしても，英検1級とはほとんど関係ないといえるでしょう。

図表3.2 ｜ 必要条件の「取るに足りなさ」

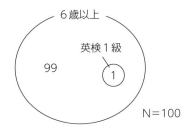

整合度＝1/1＝1.00
被覆度＝1/(1+99)＝0.01

このような，必要条件の取るに足りなさ（厳密にいえば，取るに足りなくなさ）を評価する指標として，被覆度や，次項で説明する「必要性の関連性」（RoN：Relevance of Necessity）（Schneider & Wagemann, 2012）が用いられます。

3.1.3　必要性の関連性（RoN)[2]

必要条件は，分析目的に照らして関連性の高い（relevant）ものであるべきです。しかし，前項の終わりに，必要条件には，たとえ整合度が高くとも，分析上関連性が低い，すなわち，取るに足りない（trivial）些細なものが存在すると述べました。

取るに足りない必要条件には，図表3.3に示したような2とおりのパターンがあります（Mello, 2021/2023 ; Schneider & Wagemann, 2012）。

図表3.3 ｜ 取るに足りない必要条件の2パターン

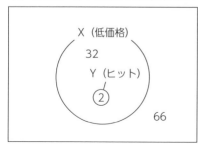

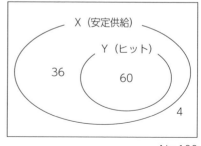

これら2つのパターンにおいて，それぞれ低価格や安定供給は必要条件として整合度が1.00であり，完全に整合しています。形式上は完全な必要条件です。しかし，分析の目的に照らすと，関連性が低いと判断せざるを得ません。

図表3.3の(a)は，被覆度が非常に小さい，すなわち条件（X）を満たす事例に

---

[2] RoNについては，第6章「実践のためのQ&A」[Q21]（195ページ）も参照してください。

比べて結果（Y）が生じている事例が非常に少ないような場合です。ここで，たしかに低価格はヒットの完全な（整合度=1.00）必要条件です。しかし，低価格だからといってヒットにならない商品のほうがはるかに多く，これは取るに足りない条件だといえるでしょう。

一方，(b)は，サンプル中ほとんどすべての事例が条件（X）を満たしているような場合です。このとき条件（X）は一定（constant）と表現できます。属性値でいえば，その平均が1に限りなく近い状態です。この点でいえば，Xは変数ではない，すなわち条件とよぶにおよばない，ということもできます。

重要なのは，(b)のような場合，必要条件が取るに足りないものか否かを評価する上で，被覆度がうまく機能しない可能性があるという点です。実際，(b)において被覆度は0.63であり，決して低い値ではありません。

そこで，必要条件が，分析に関連性がある（relevant）こと，逆にいうと，取るに足りないようなものでない（not trivial）ことを示す指標として，「必要性の関連性」（RoN：Relevance of necessity）が用いられます。RoNはSchneider & Wagemann（2012）によって考案された指標で，以下の式で表されます（Schneider & Wagemann, 2012）。

$$\text{RoN} = \frac{\Sigma \, (1 - X_i)}{\Sigma \, \{1 - \min(X_i, Y_i)\}} \tag{3.3}$$

ここで，iは事例を示す添え字（事例番号）です。X_iおよびY_iは事例iにおけるXおよびYの値という意味です。また，Σは，その右側にある式（たとえば，分子であれば，X_i）を，すべての事例について合算するという意味です[3]。RoNの値のとる範囲は0から1の間です。

必要条件分析においては，整合度や被覆度に加えRoNも用いて，分析結果を評価することが推奨されています。Mello（2021/2023）は，被覆度とRoNがともに0.5未満となるような場合，その必要条件は取るに足りないものである可

---

3 数式の和を示すΣ（シグマ）の表記方法については，高校で習った「どこからどこまで合算する」というような情報を正確に記述するのではなく，一部の情報を省略した形にしています。いずれにせよ，本書全体を通じて，Σは，「すべての事例について合算する」という意味で理解いただいて問題ありません。

能性が高いと指摘しています。

　ちなみに、図表3.3のデータについてRoNを計算すると、途中の経過は省略しますが、(a)では0.67、(b)では0.10となります。整理すると、(a)ではRoN（0.67）は0.5以上だが被覆度（0.06）が0.5未満、(b)では被覆度（0.63）は0.5以上だがRoN（0.10）が0.5未満です。しかし、Mello（2021/2023）の指摘に従えば、いずれの場合も低価格はヒットに対して取るに足りない必要条件であるとまではいえないと結論されます。

3.2　十分条件に関する指標

　前節では、必要条件の整合度と被覆度の意味を確認しました。ここでは、十分条件の整合度と被覆度について説明しましょう。

　図表3.4は、「低価格（X）は商品のヒット（Y）の十分条件である」（低価格商品はすべてヒットしている）という命題について、2つの異なる状態を図示しています。

図表3.4｜十分条件の整合度・被覆度

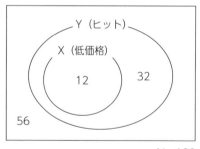

(a)　厳密な意味での十分条件

整合度＝12/12＝1.00
被覆度＝12/(12+32)＝0.27

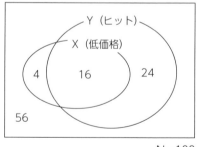

(b)　ほぼ十分条件

整合度＝16/(16+4)＝0.80
被覆度＝16/(16+24)＝0.40

　図表3.4の(a)は、数学や論理学でいうところの、いわば厳密な意味での十分条件、すなわち上記命題が100%成立する状況を示しています。実際、低価格

商品（12件）はすべてヒットしています（ただし，低価格ではないがヒットしたという商品も32件あります）。

一方の(b)は，一部「はみ出した」部分があります。低価格商品20件（16＋4）について見ると，16件はヒットしましたが，4件はヒットしていません。このため，「低価格」は「ヒット」に対する完全な十分条件とはいえません。しかしQCAでは，厳密な十分条件だけでなく，この(b)のような「準十分（quasi sufficiency）」（Greckhamer et al., 2008）すなわち「ほぼ十分といえる条件」も考慮します[4]。そして，準十分な条件も含め，十分条件とよぶにふさわしい程度を示す指標が，十分条件の整合度です。

3.2.1　十分条件の整合度

十分条件の整合度とは，ある条件が，結果に対する真の十分条件になっている程度（整合している程度）を示します。例外となるような事例が少ない程度ともいえます。これが1（100％）ならその条件は完全な十分条件です。図表3.4の(a)は，まさに整合度100％の状態です。低価格なのにヒットしていないという例外事例は存在しません。

十分条件の整合度は，以下の式で計算します。

（十分条件の整合度）

$$十分条件の整合度 = \frac{当該条件を満たし，かつ，結果が生じている事例の数}{当該条件を満たしている事例の数} \quad (3.4)$$

図表3.4の(a)の場合，分母の「当該条件を満たしている事例の数」，分子の「当該条件を満たし，かつ，結果が生じている事例の数」のいずれも12で，十分条件としての整合度は，12/12＝1（100％）です。

一方，(b)の場合，分母の「当該条件を満たしている事例の数」は20（＝16＋4），分子の「当該条件を満たし，かつ，結果が生じている事例の数」は16です。ゆえに，下記のようになります。

---

[4]　当然ながら，必要条件分析も，前節で見たように，完全な必要条件でないような状況も考慮しています。

$$\text{十分条件の整合度} = \frac{16}{16+4} = 0.8 \ (80\%)$$

さて,ある条件が,対象とする結果の必要条件とよばれるためには(必要条件の)整合度0.9以上が要求されると述べました。一方,十分条件の場合も,一定の整合度が要求されます。

これに関しては,整合度≧0.75とする主張(たとえば,Fainshmidt et al, 2020)と,整合度≧0.80とする主張(たとえば,Fiss, 2011;Greckhamer et al., 2018)があります。前者は,4事例中少なくとも3事例は結果が生じてなければ十分条件とはいえない,すなわち1事例は例外(結果が生じていない)でもよいという考え方です。これに対し後者は若干厳しく,5事例中少なくとも4事例は結果が生じていなければならないというものです。今回のケースでは十分条件の整合度は0.8なので,上記基準と照らし合わせるならば,十分条件の整合度を満たしていると判断できます。

なお,これら0.8や0.75といった数値は科学的な根拠があって決められたものではありません。統計分析における有意水準5%のように,研究者間でそのようなおおよそのコンセンサスができているというものにすぎません。第6章「実践のためのQ&A」[Q16](191ページ)も参照してください。

3.2.2 十分条件の被覆度

十分条件の被覆度とは,ある結果を満たす事例のうち,当該(十分)条件を満たしている事例の割合を示します。これが1(100%)なら,その結果が生じた事例ではすべて,当該条件が満たされています。これが0ならば,その結果が生じた事例において,当該条件を満たした事例が全く存在しない状態です。

十分条件の被覆度は,以下の式で計算します。

(十分条件の被覆度)

$$\text{十分条件の被覆度} = \frac{\text{当該条件を満たし,かつ,結果が生じている事例の数}}{\text{当該結果が生じている全事例数}} \quad (3.5)$$

図表3.4の(a)の場合,分母の「当該結果(ヒット)が生じている全事例数」は

44（＝12＋32），分子の「当該条件（低価格）を満たし，かつ，結果（ヒット）が生じている事例の数」は12です。ゆえに，以下のようになります。

$$十分条件の被覆度 = \frac{12}{12+32} = 0.27（27\%）$$

図表3.4の(b)では，分母の「結果が生じている全事例数」は40（＝16＋24），分子の「当該条件を満たし，かつ，結果が生じている事例の数」は16です。ゆえに，以下のようになります。

$$必要条件の被覆度 = \frac{16}{16+24} = 0.40（40\%）$$

十分条件の被覆度は，原因とされた条件が結果を説明する程度を意味するとも解釈されます（Ragin, 2008a）。誤解を恐れずにいえば，モデルの説明力を示すという点で，回帰分析における決定係数に類する指標として解釈可能です[5]。

ただし回帰分析の決定係数と異なり，十分条件分析において，解全体に対する「解被覆度」（solution coverage）が小さいからといって，これがただちに分析結果の価値が小さいということを意味するわけではありません。「被覆度がこれ以上でなければならない」といった基準もありません。Rubinson et al. (2019) は，低い解被覆度は，その解（モデル）では説明されない因果パスの存在を意味するのであって，その解を軽視すべきでないと述べています。

たとえば，第1章1.4.3項で紹介した木寺（2020）は，最高裁判所判事就任の十分条件を抽出したものですが，その解全体の被覆度（解被覆度）は0.6でした。この数値が大きいか小さいか一概にはいえませんが，木寺（2020）は，これを「エリートコースから外れても可能性を残し，モチベーションを失わない仕掛け」と解釈しています。

---

[5] たとえば山田・好川（2021）は，日本企業における女性取締役選任条件の分析をQCAで行い，その解の解被覆度を，先行研究（統計分析）における決定係数と比較しています。しかし被覆度はあくまで「『決定係数のようなもの』のようなもの」にすぎません。被覆度は「結果の生じた事例数と条件を満たした事例数の比」であり，一方の決定係数は「説明変数（群）の分散が目的変数の分散を説明する程度」を示す指標です。ここにも，事例志向アプローチとしてのQCAと，変数志向アプローチとしての統計分析の違いが表れています（Marx et al., 2012）。

3.3 十分条件の解の種類

第2章2.6.3項にて，十分条件分析を通じて得られる解には，複雑解，中間解および最簡解の3種類があると述べました。ここでは，これらの解の意味について説明し，それらの特徴を比較します。

3.3.1 反事実仮定と十分条件の3種の解

3種の解の相違を生むのは，解の導出プロセスにおいて，論理残余（事例が観測されなかった条件構成）に対しておく仮定（**反事実仮定**）の種類によるものでした。すなわち，「この条件構成でもし事例があったとしたら，こんな『結果』になっていただろう」という仮定の考え方が，これらの解の違いを生むのです。

（1）複雑解

複雑解（complex solution）の導出においては，反事実仮定を一切加えず，観測されたデータのみによって解を導きます。その際，論理残余となった条件構成については，結果が生じない（結果が生じるとは言い切れない）と仮定します。

客観的な観測結果のみに基づく解であるため，**保守解**（conservative solution）ともよばれます。「複雑解」が結果の解式（の傾向）からみた名称であるのに対し，「保守解」は，考え方から付けられた名称といえます。

（2）最簡解[6]

最簡解（parsimonious solution）の導出においては，とにかく最終的な解（解式）がシンプルになるよう，反事実仮定を加えます。その際，理論や経験との整合は考慮しません。なので，その仮定の方向が，理論的・経験的には本来ありえないものとなることもあります。

ところで，反事実仮定の対象となる「反事実」には，「容易な反事実」（easy

---

[6] 簡略解，節約解，節倹解などともよばれます。

counterfactuals）と，「困難な反事実」(difficult counterfactuals）があります（Fiss, 2011）。それらのうち「容易な反事実」(easy counterfactuals）とは，「結果につながるとみなすことが容易な（無理のない・自然な）仮定」をいいます。たとえば，第2章の分析では，方向性期待を指定する際（2.6.3項），「Design」に対して［Present］を選択しました。これは，「デザイン性の存在は，ブランドを生存させる方向に影響するだろう」という反事実を仮定したことを意味します。この仮定は，（もちろん理論を参照する必要がありますが）無理のない「容易な反事実」であるといえるでしょう。なお，ここでいう「容易な」とは，仮定することに無理がないという意味であって，「容易に観測されるはず」という意味ではありません。

一方，「困難な反事実」(difficult counterfactuals）とは，「結果につながるとみなすことが困難な（無理のある・不自然な）仮定」をいいます。たとえば先ほどの例で「Design」に対して［Absent］を選択したとすれば，これは，「デザイン性の**不存在**は，ブランドを生存させる方向に影響するだろう」という反事実を仮定したことを意味します。普通に考えればこれは無理のある「困難な反事実」だといえるでしょう

これらの語を用いれば，最簡解とは，（理論や実態を無視してでも）**容易な反事実と困難な反事実の双方を想定して，最もシンプルな形にした解**ということができます。最簡解の導出においては，解をシンプルにするため，本来はブランド成功に寄与するはずのデザイン性について，「デザイン性がないほうがブランドは生存するだろう」と機械的に仮定されることもあるのです。

そして，ソフトウェアを用いた分析では，最簡解の導出に際し，解が最もシンプルなものとなるよう，これらの反事実仮定が自動的に加えられます。

（3）中間解

前述のとおり，最簡解は，解の最小化に際し，容易な反事実と困難な反事実の双方を仮定したものとなっています。しかし，「困難な反事実」を仮定することは，やはり理論的・経験的に無理があるともいえます[7]。このため最簡解は，

7　この点については，次項の議論も参照してください。

現実から見た妥当性の面で課題があるともいえます。

この問題を緩和したものが中間解（intermediate solution）です。中間解導出に際しては，無理のない「容易な反事実」のみを仮定します。「困難な反事実」は仮定しません。

中間解は，反事実仮定のおき方（における妥当性）と，解式のシンプルさの双方の点において，複雑解と最簡解の中間に位置するといえます。

3.3.2　3種の解の関係

ここでは，3種の解（複雑解・最簡解・中間解）について，事例を包含（説明）する範囲という観点から比較します。

このため，下記のような4事例（A～D），3条件（X_1, X_2, X_3），結果（Y）の十分条件分析を考えてください。

図表3.5｜架空例のローデータ行列

事例ID	X_1	X_2	X_3	Y（結果）
A	1	0	0	1
B	1	1	1	1
C	0	1	0	0
D	0	0	1	0

これだけだと，X_1, X_2, X_3のいずれが結果（Y）に寄与しているか，想像しがたいですね[8]。

次にこれをベン図[9]で表してみましょう。まず，説明に用いる図（図表3.6）

---

[8] ただしこの所感は，十分条件の探索に関するものです。必要条件を考えるときは，結果を生じさせている事例（ここではAとB）に着目し，それら事例すべてで「あり」となっている条件を探します。そうするとここでは，X_1が事例AとB両者で「あり」となっていて，このX_1がYの必要条件であるということがわかります。

[9] ベン図（Venn diagram）のほかに集合の関係や論理式を表現する図に，カルノー図（Karnaugh map）やベイチ図（Veitch diagram）があります。ここで示した図は厳密にはこれらいずれとも異なりますが，便宜上，ベン図とよんでいます。

第3章　csQCAの考え方：分析指標と解の種類　　87

図表3.6 ｜ 3条件のベン図

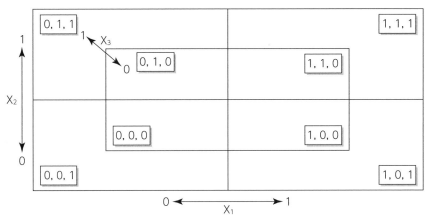

の大枠を説明します。

この図では，大きな長方形が，3つの条件によって8つの領域（象限）に区分されています。区分の基準は，3つの条件（X_1, X_2, X_3）の「なし」と「あり」です。

> ➢ X_1については，長方形の左側が「なし」（=0），右側が「あり」（=1）
> ➢ X_2については，長方形の下側が「なし」（=0），上側が「あり」（=1）
> ➢ X_3については，長方形の内側が「なし」（=0），外側が「あり」（=1）

図中，左右，下上，内外に伸びる矢印がそれらの軸を示しています。

これらの3条件に係る「なし」,「あり」の2区分により，長方形全体が2^3（=8）の領域に区分されたというわけです。

各領域の隅にあるボックスは，上記ルールに基づきその領域に対して付与された各条件（X_1, X_2, X_3）の属性値，すなわち「なし」（=0）または「あり」（=1）を順に示しています。たとえば，「右下外」の領域の値（1, 0, 1）は，「$X_1=1$, $X_2=0$, $X_3=1$」を意味します。

図表3.7は，図表3.6のとおり領域を定義したベン図に，図表3.5の事例A～D

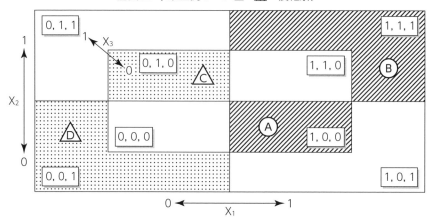

図表3.7 | 架空例のベン図 (▨=複雑解)

を配置したものです。ここで，結果「あり」(=1)の事例(A,B)はマル(○)で，結果「なし」(=0)の事例(C,D)は三角(△)で囲ってあります。

さらに，条件と結果の関係をより明確に示すため，結果「あり」(=1)の事例(A,B)の存在する領域を▨，結果「なし」(=0)の事例(C,D)の存在する領域を▦で示しています[10]。またここで，事例が1つもない（網掛けのない）領域が4つありますが，これらの網掛けのない領域が示すものこそが，**論理残余**（観測された事例の存在しない条件構成）です。

論理残余は，不備真理値表（たとえば図表2.9：49ページ）においては事例が観測されない（事例数が0である）行でしたが，このように，ベン図においては該当事例が存在しない領域として把握されます。そして，反事実仮定をおくとは，ベン図における事例の存在しない領域（図表3.7における網掛けのない領域）に網掛けする作業だといえます。

---

10 ここでは，単純化のため，結果「あり」と判断した領域には，実際に結果「あり」と観測された事例（AやB）だけが存在する形にしてあります。実際のcsQCAにおける考え方（第2章2.6節）を厳密に当てはめれば，各領域について，そこにある事例の80%（整合度基準80%とする場合）以上において結果「あり」と観測された領域を，結果「あり」の条件構成として「十分」とみなし，▨で網掛けすることになります。その結果，網掛けされた領域に，わずかながら結果「なし」事例が含まれたり，逆に，結果「あり」事例が一定割合存在するのに結果「なし」領域と判定されたりすることも生じます。

この図表3.7から出発して,とにかく網かけ領域の形をシンプルにすることを目指して論理残余部分に網掛けを追加して得られるのが**最簡解**,理論的知識・事例知識に基づく一定の制約の中で網掛けを追加して得られるのが**中間解**,全く網掛けを追加せずに得られるのが**複雑解**です。後で示されるように,最簡・中間・複雑といった解の名称は,解式の簡潔さ・複雑さだけでなく,網掛け領域の簡潔さ・複雑さも反映したものとなっています。

ここからは,ベン図における網掛け領域の追加方法の比較を通じて,QCAの3種の解(複雑解・中間解・最簡解)導出における反事実仮想の考え方を再度整理しましょう。また,各解に対応する網掛け領域を比較してみましょう。

事例のローデータ行列(図表3.5)[11]をfs/QCAソフトウェアに取り込み,十分条件分析してみましょう。fs/QCAソフトウェアでの具体的な操作手順については,第2章(31ページ)を参照してください。

csvファイル(ThreeSolutions.csv)をソフトウェアに取り込んだら,[Analyze]から[Truth Table Algorithm]を選択して,十分条件分析に進みます。結果[Outcome]には「Y」を,条件[causal conditions]には「X1」,「X2」および「X3」を投入してください。「結果あり」の判断では,度数基準と整合度基準として,それぞれ1と0.8を適用しておいてください。また,中間解導出のための反事実仮定(方向性期待)としては,以下のように指定してください。

> - X_1: Present or absent(条件X_1「あり」か「なし」か,いずれが結果Yの生じる方向に作用するかはわからない)
> - X_2: Present(条件X_2が「あり」となることが,結果Yの生じることにつながるだろう)
> - X_3: Present or absent(条件X_3が「あり」か「なし」か,いずれが結果Yの生じる方向に作用するかはわからない)

以下のとおり,解式および関連情報が出力されるはずです(図表3.8)。

なお,図のとおり,fs/QCAソフトウェアでは,複雑解,最簡解,中間解の順に出力されますが,以降では,解の関係を見やすくするため,順序を入れ替

---

11 ローデータ行列は,中央経済社のサイトからダウンロード可能です(URLはxiiiページをご確認ください。ファイル名:ThreeSolutions.csv)。サイトにアクセスしてダウンロードするより,ご自身でcsvファイルを作ったほうが早そうですが。

図表3.8｜十分条件分析結果の抜粋（3種の解の比較用）

```
File：(パス名およびファイル名)
Model：Y=f(X1, X2, X3)
Algorithm：Quine-McCluskey

--- COMPLEX SOLUTION ---
frequency cutoff：1
consistency cutoff：1
                    raw         unique
                    coverage    coverage    consistency
                    ---------   ---------   -----------
X1*~X2*~X3          0.5         0.5         1
X1*X2*X3            0.5         0.5         1
solution coverage：1
solution consistency：1

                        （中略）

--- PARSIMONIOUS SOLUTION ---
frequency cutoff：1
consistency cutoff：1
                    raw         unique
                    coverage    coverage    consistency
                    ---------   ---------   -----------
X1                  1           1           1
solution coverage：1
solution consistency：1

                        （中略）

--- INTERMEDIATE SOLUTION ---
frequency cutoff：1
consistency cutoff：1
Assumptions：
X2 (present)
                    raw         unique
                    coverage    coverage    consistency
                    ---------   ---------   -----------
X1*~X3              0.5         0.5         1
X1*X2               0.5         0.5         1
solution coverage：1
solution consistency：1
```

えて示します。

> ① 複雑解：$X_1 * \sim X_2 * \sim X_3 + X_1 * X_2 * X_3$
> ② 中間解：$X_1 * \sim X_3 + X_1 * X_2$
> ③ 最簡解：X_1

これらの解を，ベン図を見ながら比較してみましょう。

（1）複雑解

まず複雑解は，先ほどのベン図（図表3.7）における▨の網掛け領域が，そのまま対応しています[12]。つまり，複雑解の第1項（$X_1 * \sim X_2 * \sim X_3$）に「右下内」領域（1, 0, 0）が，同第2項（$X_1 * X_2 * X_3$）に「右上外」領域（1, 1, 1）が，それぞれ対応しています。このように，複雑解は，条件と結果の関係を，観測された事例に基づき忠実に抽出したものとなっています。実際に観測されなかった行について何も反事実仮定をおいていません。そして，論理残余行については，「結果が生じるとは言い切れない」と仮定されます。

（2）中間解

中間解が示す結果「あり」領域を網掛けすると，図表3.9のようになります。なお，見やすさのため，この図以降では，結果「なし」となる事例（C，D）がそれぞれ観測された2領域の⊞の網掛けを省略します。

先ほどの図表3.7（複雑解）と比較すると，「右上内」領域（太線で囲った長方形）分だけ，少し網掛けが広がっています。すなわち，この追加領域分だけ，結果「あり」の十分条件になるだろうという範囲を広げたことになります。

先ほども触れましたが，この「観測事例のない領域に網掛けの追加」という作業は，論理的残余となった条件構成に対して反事実仮定をおくことに対応しています。実際にこのような条件構成（ここでは「X_1あり，X_2あり，X_3なし」）を満たす事例を観測していないのにもかかわらず，この条件構成の場合には結果Yが（必ず）生じるだろうと仮定し，対応する領域に網掛けするわけです。

---

12 なお，⊞の領域は，結果「なし」（＝0）となった事例（C，D）の存在する領域なので，結果「あり」に対する解を構成するものではありません。

図表3.9｜架空例のベン図（中間解）

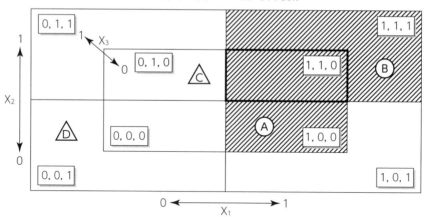

　そのためfs/QCAソフトウェアでは，「Intermediate solution」ウィンドウにて，「X_2：Present（条件X_2の存在が結果Yにつながるだろう）」と，方向性期待を指定したわけです。図においてX_2は上下の次元ですから，この指定は，「下よりも上のほうを網掛けするように，網掛け範囲を一定程度統合簡素化する」ことを意味します。そして3.3.3項で説明するように，この反事実仮定の指定内容が異なると，それに応じて異なる中間解が出力されることになります。

　なお，中間解を構成する2つの項，すなわち「$X_1^* \sim X_3$」と「$X_1^* X_2$」それぞれが示す領域を枠で示したものが図表3.10です。

　ここで，第1項「$X_1^* \sim X_3$」（右内領域：上下は無関係）は太実線，第2項「$X_1^* X_2$」（右上領域：内外は無関係）は太破線で囲ってあります。

（3）最簡解

　最簡解が示す結果「あり」領域を網掛けすると，図表3.11のようになります。

　最初に示した複雑解（図表3.7）と比較すると，太線で囲まれた領域分，網掛け範囲が広がっています。中間解（図表3.9）と比較しても，「右下外」領域分広がっています。なにしろ，結果（Y）につながる十分条件としてX_1だけを抽出し，他の条件X_2やX_3のありなしは考慮する必要はないと判断したわけです。なので，「上下」（X_2）および「内外」（X_3）次元が，網掛けの有無に影響しな

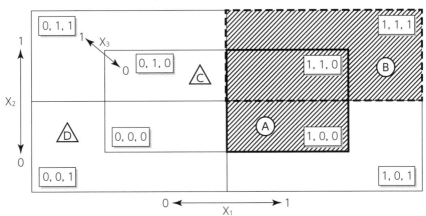

図表3.10 | 架空例のベン図（中間解の各項）

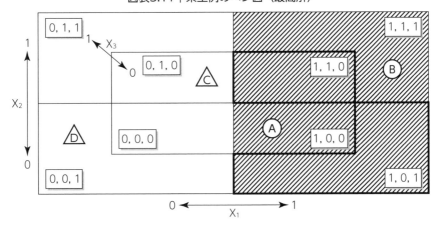

図表3.11 | 架空例のベン図（最簡解）

いことになります。

　また，網かけ領域がさらに追加されたということは，事例観測されていない領域についての仮定（反事実仮定）が拡大されたということです。先の中間解では，「右上内」$(1, 1, 0)$ 領域において事例が観測されていないにもかかわらずこの条件構成が結果を生じさせる十分条件の一部を構成するとみなし（反事実仮定）ました。これに加え，最簡解では，「右下外」$(1, 0, 1)$ 領域についても，

事例が観測されれば結果ありとなるだろうと仮定したわけです。

このように，最簡解の導出においては，とにかく解（ベン図では網掛け領域）をシンプルにするため，現実を顧みず最大限の反事実仮定が行われます。

3.3.3 反事実仮定と中間解の関係

さて，先ほど，中間解導出において異なる反事実仮定（方向性期待）を指定すると異なる中間解が出力されると述べました。この点について確かめてみましょう。

同じローデータ行列で十分条件分析を進めます。ただし今回は以下のとおり方向性期待を指定してください。

> X_1 : Present or absent
> X_2 : <u>Present or absent</u>
> X_3 : <u>Present</u>

X_2とX_3に対する方向性期待を入れ替え，X_2ではなくX_3の存在が強く結果発生に影響すると仮定した形です。

すると，以下のような結果が出力されます。

① ' 複雑解：$X_1{}^*{\sim}X_2{}^*{\sim}X_3+X_1{}^*X_2{}^*X_3$
② ' 中間解：$X_1{}^*{\sim}X_2+X_1{}^*X_3$
③ ' 最簡解：X_1

複雑解（①'）や最簡解（③'）は，先ほどの解（①および③）と同じです。つまり，複雑解や最簡解は方向性期待に影響されません。

一方，今回の中間解（②'）は前回の中間解（②）と異なります。この新たな中間解（②'）をベン図で網掛けしたものが，図表3.12です。

ここで，第1項「$X_1{}^*{\sim}X_2$」（右下領域：内外は無関係）は太破線，第2項「$X_1{}^*X_3$」（右外領域（「コ」の字型）：上下は無関係）は太実線で囲ってあります。前の中間解の範囲（図表3.9）とは網掛け範囲が異なりますね。前回網掛けされていた「右上内」（1, 1, 0）領域の網掛けがなくなり，逆に，「右下外」（1, 0, 1）領域に網掛けが追加されました（なお，網掛け面積が大きくなっていますが，こ

図表3.12 | 架空例のベン図（当初とは異なる反事実仮定に基づく中間解）

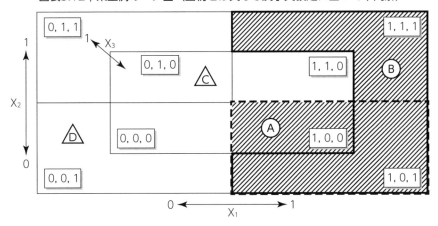

れは単に作図上の都合なので無視してください）。

このように，方向性期待いかんによって，すなわち各条件のあり／なしのいずれが結果発生に作用すると想定するかによって，導出される中間解が異なってきます。ところで，先に第2章2.6.3項で，方向性期待の指定は，分析者が，理論的知識や事例知識に基づき行うと書きました。方向性期待の指定内容，さらにはその背景となる事例知識がいかに重要であるか，おわかりいただけたでしょうか。

3.3.4　解の関係のまとめ

3.3.2項にて，複雑解・中間解・最簡解の関係を，ベン図における領域の包含関係から比較しました。その包含関係をまとめたものが図表3.13です。

ここで，各解は以下の領域によって示されます。

> - 複雑解：▨
> - 中間解：▨＋▨
> - 最簡解：▨＋▨＋▦

ここで，領域Pが領域Qに含まれる（一致する場合も含む）という関係を「$P \subseteq Q$」で表すとすると，以下の関係が成り立ちます。

図表3.13 | 架空例のベン図（複雑解・中間解・最簡解の比較）

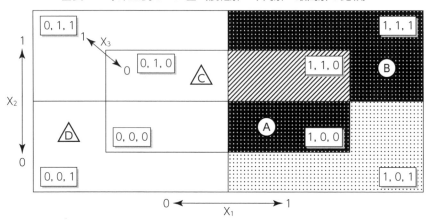

［複雑解の領域］⊆［中間解の領域］⊆［最簡解の領域］

　複雑解，中間解，最簡解の順に，より多くのマス，言い方を変えれば，より多くの条件構成を網羅する形になります。その背景としては，中間解導出時，「理論的・経験的に妥当な方向性期待に基づき」反事実仮定を行ったのに対し，最簡解導出時には，（ソフトウェアが）「妥当性は無視して，とにかく解がシンプルになるように」反事実仮想を行ったことが影響しています。解をシンプルにする（条件を減らす）とは，ベン図を区切る境界線を減らしてマスを併合し，併合後のより広い領域を「結果あり」領域とみなすことにほかならないのです。

　ここで，解（解式）が複雑・単純という話が出たので，3つの解の関係について，解式の比較を通して考えてみましょう。3つの解は以下のとおりでした。

① 複雑解：$X_1 * \sim X_2 * \sim X_3 + X_1 * X_2 * X_3$
② 中間解：$X_1 * \sim X_3 + X_1 * X_2$
③ 最簡解：X_1

　これら3つの解を，Ragin & Fiss（2008）の表記法（図表1.4（16ページ）参照）によって図示し，並べたものが図表3.14です。

第3章　csQCAの考え方：分析指標と解の種類

図表3.14｜架空例（3種の解の比較）

複雑解		
項	I	II
X_1	●	●
X_2	⊗	●
X_3	⊗	●

中間解		
項	I	II
X_1	●	●
X_2		●
X_3	⊗	

最簡解	
項	
X_1	●
X_2	
X_3	

　右から左，すなわち最簡解から中間解，複雑解へと進むにつれ，条件が増えています。ただし，最簡解は項が1つしかないのでこの図において解が1列分しかありませんが，これは，中間解と複雑解の2列を1列にまとめたと考えてください。

　これを1つの表にまとめて比較したものが，図表3.15です。

図表3.15｜架空例（3種の解の組合せ）

複雑解／中間解／最簡解

項	I	II
X_1	●	●
X_2	⊗	●
X_3	⊗	・

　ここでは，「あり」（黒丸）と「なし」（丸の中にバツ）を図示するだけでなく，図表3.16で例示したように，その大きさによって，当該条件がどの解を構成しているかを示すこととしています。図表3.15に戻ると，最簡解，中間解，複雑解の順に，解を構成する条件が増加しています。

図表3.16｜「なし」および「あり」を示す記号

解の種類	「なし」	「あり」
最簡解・中間解・複雑解	⊗（この例にはない）	●
中間解・複雑解	⊗	●
複雑解	⊗	・

ただし，複数の解を重ねて示す場合，3つの解をすべて提示することはせず，図表3.17のように，中間解と最簡解のみを示すことが一般的です。

図表3.17 | 架空例（中間解と最簡解の組合せ）

中間解／最簡解

項	I	II
X_1	●	●
X_2		・
X_3	⊗	

このように，最簡解と中間解を組み合わせて結果を報告する場合，双方の解に含まれる条件（この図でいう大きな●）を「コア条件」(core condition)，中間解に含まれるが最簡解に含まれない条件（同，小さな●および小さな⊗）を周辺条件 (contributing condition) とよびます (Ragin & Fiss, 2008)。

さきほど，最簡解から中間解，複雑解へと進むにつれ条件が増えると書きました。これら条件の「包含関係」を記号「⊆」で示すと，次式のようになります。

[最簡解に含まれる条件] ⊆ [中間解に含まれる条件] ⊆ [複雑解に含まれる条件]

本節ではここまで十分条件分析における3種の解（複雑解，中間解，最簡解）について，さまざまな角度から比較してきました。これら3つの解の特徴をまとめると図表3.18のようになります。

複雑解は，各解に含まれる条件が複雑という意味において，節倹性が低いといえます。しかし，本来考慮すべき条件を見落としにくいという意味において第Ⅱ種過誤を犯しにくいといえます（藤田，2023）。一方，最簡解は，条件がシンプルという意味でまさに節倹的，すなわち，冗長な条件を含めることが少ないという意味で，第Ⅰ種過誤を犯しにくいといえます（藤田，2023）。

図表3.18に見られるように，これらの3つの解には一長一短あり，これらはトレードオフの関係にあります。どの反事実仮定まで許容するか，そしてどの

図表3.18 | 十分条件分析の3種の解の特徴

	複雑解（保守解）	中間解	最簡解
解導出における反事実仮定の扱い	反事実仮定をおかない（観測事例のみから解を導出）	「容易な反事実」のみを仮定	解の単純化のため、「容易な反事実」および「困難な反事実」の双方を仮定
方向性期待	指定しない	指定する（理論的知識・事例知識に基づく）	指定しない
包含する条件構成（領域）	狭	中	広
構成する条件	多	中	少
節倹性	低（解に含まれる条件が多く、解が複雑になる）	中	高（解に含まれる条件が少なく、解がシンプル）
現実からみた妥当性	高	中	低
備考	条件を見落としにくいという意味で、第Ⅱ種過誤を犯しにくい（藤田, 2023）	反事実仮定によって解式が異なる。だからこそ、サイトに関する十分な知識（とこれに基づく適切な反事実仮定の設定）が重要	冗長な条件を含めることが少ないという意味で、第Ⅰ種過誤を犯しにくい（藤田, 2023）

解を適用するかは、分析を通じて何を説明しようとするのかという研究者の姿勢にも関わってきます。いろいろな論文に接してさまざまな研究者の姿勢を参考にするのもよいでしょう。第6章「実践のためのQ&A」［Q18］（193ページ）もあわせて参照してください。

理解度チェック

- ☐ 必要条件の整合度および被覆度が何を示すものなのか，理解できましたか？
- ☐ 「取るに足りない」必要条件とはどのようなものか，おおよそ理解できましたか？
- ☐ 十分条件の整合度および被覆度が何を示すものなのか，理解できましたか？
- ☐ 反事実仮定をおくとはどのようなことか，理解できましたか？
- ☐ 「容易な反事実」と「困難な反事実」の違いについて，理解できましたか？
- ☐ 十分条件の3種の解（複雑解・中間解・最簡解）の違いを，その導出において適用される反事実仮定の観点から説明できますか？
- ☐ 十分条件の3種の解（複雑解・中間解・最簡解）の違いを，ベン図における包含関係から説明できますか？
- ☐ 十分条件の3種の解（複雑解・中間解・最簡解）の違いを，現実から見た妥当性の観点から説明できますか？
- ☐ コア条件と周辺条件の違いが理解できましたか？

第4章
fsQCAであいまいなデータを分析する

> 🔍 **ねらい**
>
> 前章まで説明してきたクリスプ集合QCA（csQCA）では，たとえばアパレルブランドに対し，「高品質である」という属性について，「当てはまらない」または「当てはまる」，あるいは「なし」または「あり」と判断してきました。そして，「0」または「1」の属性値を当てはめてきました。
>
> しかし，経営学を含む社会科学が扱う現象は，そう簡単にYes/Noと割り切れるものばかりではありません。むしろその境界はあいまいであることが普通です。
>
> そこでこの章では，たとえば高品質について「なし」と「あり」だけでなく，それらの間に「どちらかといえば，なし」と「どちらかといえば，あり」といった，より「あいまいな」状況が存在しうると想定し，そのような現象を扱うためのQCA，すなわちファジィ集合QCA（fsQCA：fuzzy-set QCA）の分析手順を学びます。また，fsQCAを用いた研究の結果の提示方法や読み方についても学びます。ただし，基本的な考え方や手順はcsQCAの場合と，驚くほど共通しています。
>
> ファジィ集合の演算や十分条件・必要条件の意味，fsQCAにおける整合度・被覆度の意味などについての説明は最小限にとどめています。詳細については次章でしっかり学んでいただきたいと思います。

4.1 fsQCAを用いた研究のフロー

この章でfsQCAの分析手法を学ぶにあたり，ツールは第2章と同じfs/QCAソフトウェア（Ragin & Davey, 2022）Widows版を用います。もちろん，Mac用や「R」でも同様の分析が可能です[1]。

fsQCAとcsQCAで，研究の流れや分析手順はかなり共通しています。fsQCAの場合の基本的な研究フローは図表4.1のとおりです。キャリブレーション（③）の方法およびそのアウトプットが異なること，ならびにXYプロットの描画（⑥）その他の一部作業（この図には表れない）が追加される以外，csQCAの場合のフロー（図表2.1）とほぼ同じです。

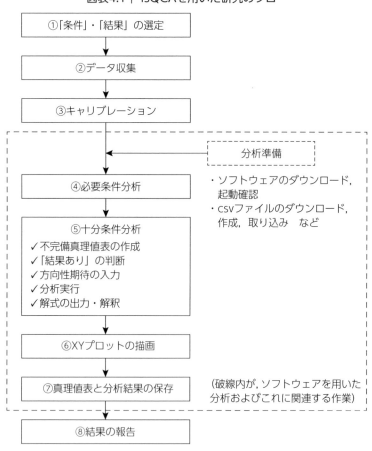

図表4.1｜fsQCAを用いた研究のフロー

---

1 森（2017a, 2017b）による一連のfs/QCAソフトウェアマニュアルのうち，森（2017b）はファジィ集合QCA（fsQCA）を対象としています。

この章では，以下のステップに分けてフローを説明しています。まず，分析モデルを構成する「条件」と「結果」を選び（①），サンプルを通じてデータを収集します（②）。また，得られたデータに基づき，各条件と結果をキャリブレーションします（③）。csQCAの場合と異なり，fsQCAのキャリブレーションでは，0/1だけでなく，より細かい属性値を付与します。

　ソフトウェアやデータの準備の後，必要条件分析（④），次に十分条件分析を行います（⑤）。また，必要条件分析や十分条件分析に関係した作業として，条件と結果の属性値の分布状況を把握するため，XYプロットを描画します（⑥）。XYプロットの描画・確認は，csQCAにはない，fsQCA固有の作業です。そして結果を保存し（⑦），分析結果等を報告します（⑧）。

　fs/QCAソフトウェアの操作はcsQCAとほとんど違いがありません[2]。おそれずにfsQCAにチャレンジしてみてください。

csQCAか，それともfsQCAか

　この章ではいきなり「fsQCAで分析します」と宣言しましたが，実際の研究では，csQCAかfsQCAのいずれを用いるかも決めなければなりません。
　ではどうやって決めればよいか。残念ながら明確な基準を示すことは困難です。もちろん，使用するデータの特性（きめ細かいキャリブレーションが可能かどうか，そもそもそれが必要かどうか）など，多くの要素がかかわってきます。詳しくは，第6章「実践のためのQ&A」［Q4］（181ページ）も参照してください。

4.2　「条件」・「結果」の選定，データ収集，キャリブレーション

　本章の分析テーマは，「企業幹部に昇進するための十分条件の抽出」です。

---

[2] いわば，ファジィ集合が何たるかを深く理解せずともfsQCAが使えてしまうわけです。これはある意味，怖いことでもあります。分析手順の理解が進んだら，第5章で説明するfsQCAの考え方の理解にぜひ取り組んでいただきたいと思います。

幹部昇進に寄与しうる条件として，発信行動，創造性，傾聴行動，対外調整行動を取り上げます。サンプルには，1～30のIDを付与してあります。

使用するデータは架空のものです。csQCAの場合と同様，データは取得済みとし，csvファイルとして中央経済社のサイト（xiiiページ参照）から入手可能です（後述）。

もちろん，実際の研究ではcsQCAの場合と同様，①「条件」と「結果」の選定，②データ収集と，③キャリブレーション（条件および結果に対する属性値付与：後述）を行わなければなりません。これらの作業の概要は以下のとおりです。

①の条件・結果の選定・定義は，csQCAと変わりません。②のデータ収集も，csQCAと同様，インタビュー調査や質問紙調査によることができます。csQCAのときの繰り返しになりますが，データ収集に関しては第6章「実践のためのQ&A」［Q10］および［Q11］（186, 187ページ）も参照してください。

③のキャリブレーション（calibration）では，各事例の条件と結果に対して属性値を付与します。csQCAでは，各条件および結果に対して，「あり」（1）または「なし」（0）の判断・値付けを行いました。fsQCAでは，キャリブレーションを，csQCAよりもきめ細かく行います。条件・結果とも，属性値は1（あり）と0（なし）に限定されません（第5章5.2節参照）。

属性値の例を図表4.2に示します。これらのうちこの章では，4値（0, 0.33, 0.67, 1）のファジィ集合を用いています。

キャリブレーションはfsQCAにおいてきわめて重要なステップです。たとえば，ある事例の結果発生について，0.6（どちらかというと当てはまる）ではなく0.8（完全ではないがどちらかというと当てはまる）の値を付与する場合，なぜそう判断できるのかといったことが客観的に説明できなければなりません。

わずかな差が分析結果に強く影響する場合があります。たとえば，0.1刻みで属性値を付与して分析を行う場合，ある事例について，条件の属性値＝0.8，結果の属性値＝0.8であるとき，この事例は，当該条件を十分条件だとする主張に整合的とみなされます。しかし，キャリブレーション結果がわずかに異なり，条件の属性値＝0.8，結果の属性値＝0.7であったなら，この事例は不整合事例ということになります[3]。このようなことから，キャリブレーションには適

図表4.2 | 属性値の例

クリスプ集合	ファジィ集合（4値）	ファジィ集合（6値）	ファジィ集合（連続値）
0：当てはまらない	0：完全に当てはまらない	0：完全に当てはまらない	0：完全に当てはまらない
		0.2：完全ではないが，どちらかというと当てはまらない	0…属性値…0.5
	0.33：どちらかというと当てはまらない		
		0.4：どちらかというと当てはまらない	
			―0.5：最大曖昧点*―（クロスオーバーポイント）
		0.6：どちらかというと当てはまる	
	0.67：どちらかというと当てはまる		
		0.8：完全ではないが，どちらかというと当てはまる	0.5…属性値…1
1：当てはまる	1：完全に当てはまる	1：完全に当てはまる	1：完全に当てはまる

*属性値0.5を，事例の条件や結果に対して割り当てることはしない（第5章5.2節参照）。

切な領域知識や細心の注意が必要です。むやみに段階を細分化すればよいというわけではありません。

キャリブレーションに関しては，第6章「実践のためのQ&A」［Q13］および［Q14］（189, 190ページ）も参照してください。これらの項目では，連続尺度やリッカート尺度で測定したデータのキャリブレーションについても説明しています。

3　ある事例が，十分条件に対して整合であるためには，［条件の属性値］≦［結果の属性値］でなければなりません。ここでたとえば，条件の属性値＝0.8，結果の属性値＝0.7の場合，上記式を満足できず，不整合とみなされます。なぜそのような考え方をするのかも含め，詳しくは第5章5.4.4項で説明します。

4.3 分析準備

　本章でも，第2章と同様，fs/QCAソフトウェアを操作しながら分析手順と結果の意味について学びます。ダウンロードと起動の手順は，csQCAの該当箇所（第2章2.4節）を参照してください。

　本来，fsQCAにおいても，収集したデータからローデータ行列を作成し，これをcsvファイルとして保存します。その際，csQCAの場合と同様，第1列に事例IDを，第2列から最終列の手前までの各列に「条件」を，そして最終列に「結果」を示すとよいでしょう。ID，条件および結果のラベルに関する制約はcsQCAの場合と同様です（第2章2.4.4項（39ページ）参照）。もちろん属性値は，csQCAと異なり，0/1に限定されません。

　本章の分析でも，使用するデータ（図表4.3）は中央経済社のサイトから入手可能です。ダウンロードし，使用してください（xiiiページも参照）。

URL：https://www.biz-book.jp/isbn/978-4-502-51301-5
ファイル名：Leaders.csv

　ここではID，条件，結果を以下のとおり表記しました。

> - ID：ID
> - 発信行動：Message
> - 創造性：Creative
> - 傾聴行動：Listen
> - 対外調整行動：Coordinate
> - 幹部昇進：Promote

　csvファイルの取り込み方法はcsQCAの場合（第2章2.4.5項：41ページ）と同じです。データ取り込み後のメイン画面は図表4.4のとおりです。

第4章 fsQCAであいまいなデータを分析する　107

図表4.3｜トライアル用csvファイル（fsQCA）

ID	Message	Creative	Listen	Coordinate	Promote
1	0.67	1	1	1	1
2	1	0.67	1	1	1
3	1	0.67	1	0	0.67
4	0.67	0.67	0	0.67	0.67
5	1	0	0.67	0.67	0.67
6	1	0	1	0	0.33
7	1	0	0	1	0.33
8	1	0	0	0	0
9	0	0.67	1	1	1
10	0	0.67	1	0	0.67
11	1	0.67	0	0.33	1
12	0	0.33	0	1	0
13	0	0.67	0.33	0	0.67
14	0.33	0	1	1	1
15	0.33	0.33	0.67	0	0
16	0	0	0.33	1	0.33
17	1	1	1	0.33	1
18	0.67	0.67	0	0.67	0.67
19	1	0	0.67	0.67	1
20	1	0	0.67	0	0
21	1	0	0	0.67	0.33
22	1	0	0	0	0.33
23	0.33	0.67	0.67	0.67	0.67
24	0.33	0.67	0.67	0	0.67
25	0	0.67	0	1	0
26	0.33	1	0	0	0.67
27	0	0	1	0.33	0
28	0	0	0	1	0.33
29	0	1	0.33	1	1
30	0	0.67	0	0.67	0.67

Leaders

図表4.4 | メイン画面でcsvファイルを開いた状態 (fsQCA)

ID	Message	Creative	Listen	Coordinate	Promote
1	0.67	1	1	1	1
2	1	0.67	1	1	1
3	1	0.67	1	0	0.67
4	0.67	0.67	0	0.67	0.67
5	1	0	0.67	0.67	0.67
6	1	0	1	0	0.33
7	1	0	0	1	0.33
8	1	0	0	0	0
9	0	0.67	1	1	1
10	0	0.67	1	0	0.67
11	1	0.67	0	0.33	1
12	0	0.33	0	1	0
13	0	0.67	0.33	0	0.67
14	0.33	0	1	1	1
15	0.33	0.33	0.67	0	0

4.4 必要条件分析

　fsQCAによる分析においても，Schneider & Wagemann（2012）の推奨に従い，十分条件分析に先立ち必要条件分析を行ってみます。手順はcsQCAの場合と同じです。

（１）メイン画面上部にある［Analyze］，そして［Necessary Conditions］をクリックします。すると，「Necessary Conditions」というウィンドウが開きます。

（２）このウィンドウで，必要条件分析において考慮したい「結果」を指定します。ここでは，「幹部昇進」が該当します。［Outcome］の直下のボックスをクリックするとさまざまな属性（条件と結果）が並んでいるので，これらのうち「Promote」を選択してください[4]。

（３）次に，同じウィンドウで，必要条件分析において考慮したい条件を指定

4　ちなみに，［Outcome］に「~Promote」を投入すると，「昇進しないための必要条件」が得られます。昇進せず，ヒラ社員で過ごしたい人には重要な情報かもしれません。

します。ここでも，各条件とその否定のすべてを投入します。本分析では，「Message」，「~Message」，「Creative」，「~Creative」，「Listen」，「~Listen」，「Coordinate」，「~Coordinate」の8項目が該当します。[Add Condition]の直下のボックスをクリックするとこれらが並んでいますので，「Message」から順に1つずつ選択して[-->]をクリックし，右側の[Conditions]欄に投入してください[5]。

(4) 必要条件候補をすべて投入し終えたら，右下の[OK]をクリックします。するとメイン画面右側に分析結果が表示されます（図表4.5参照）。

図表4.5│必要条件分析結果（fsQCA）

```
Analysis of Necessary Conditions

Outcome variable : Promote

Conditions tested :
              Consistency    Coverage
Message       0.598921       0.637931
~Message      0.500000       0.581590
Creative      0.661871       0.869291
~Creative     0.496403       0.478613
Listen        0.619904       0.738044
~Listen       0.479017       0.499687
Coordinate    0.659472       0.701531
~Coordinate   0.459233       0.534916
```

結果の読み方はcsQCAの場合と同じです。「Outcome variable」は，分析対象とした「結果（変数）」であり，ここでは「昇進」すなわち「Promote」が表示されます。「Conditions tested」は，分析に投入した8項目（4つの条件とその否定（○○でない））です。

各条件に対して，それらが必要条件としての性質を有している程度を示す2

---

5 csQCAの場合と同様，条件を組み合わせて和条件（OR）を生成し，必要条件の候補として分析することもできます。

つの指標,「Consistency（整合度）」と「Coverage（被覆度）」が示されます。fsQCAにおける必要条件の整合度と被覆度は，csQCAの場合と計算式が異なりますが，これらの指標が意図するところはcsQCAの場合と同じです[6]。

csQCAの場合と同様，ある条件が結果に対する必要条件とよばれるためには，整合度が0.9以上必要とのコンセンサスがあります（Greckhamer et al., 2018；Schneider & Wagemann, 2012）。ここに掲げた条件候補はいずれも0.9未満（「Creative」の0.661871が最大）であり，幹部昇進の必要条件といえる条件はこの中にないと判断されます。すなわち，「これを満たさないと幹部昇進できない」という必要条件はないと考えるのです。幹部昇進の条件は複数存在する，あるいは幹部にもさまざまなタイプがいるということがいえそうです。

また，csQCAのときと同様，必要条件の被覆度も出力されています。しかし今回の分析では，上記のとおりどの条件も必要条件と判断されなかったので，被覆度の解釈は割愛します。

4.5　十分条件分析

必要条件に続き，QCAのメインイベントともいえる十分条件分析を行います。すなわち，「この条件（の組合せ）が生じれば，必ずその結果が生じる」というような条件の抽出を行います。

十分条件分析の大まかな流れは，XYプロットの描画（4.6節で後述）を除きcsQCAと同じです。復習を兼ねて以下に記します。

---
① 不完備真理値表の作成
② 「結果あり」の判断
③ 中間解生成のための方向性期待の指定・分析実行
④ 解式の形式の選択
⑤ 解式の出力・解釈

---
[6] 詳細は第5章5.5.4項（整合度）と5.5.5項（被覆度）で説明します。

4.5.1 不備真理値表の作成

メイン画面上部にある［Analyze］，そして［Truth Table Algorithm］（真理値表分析）をクリックし，「Select Variables」（条件選択）ウィンドウを開きます（「Select Variables」ウィンドウの表示項目等はcsQCAの場合と同じです）。ここで，十分条件分析の対象とする条件，結果等を指定します。

今回は，「Select Variables」画面の左側［variables］欄から，「結果」として指定したい属性である「Promote」を選択して［Set］をクリックし，「Promote」を［outcome］（結果）欄に移します。この時もし，列記された項目（variables）の否定を分析上の「結果」（アウトカム）としたい（この例でいえば，昇進しない（~Promote）を「結果」としたい）場合は，［Set］に代え［Set Negated］をクリックしてください。

その他の属性，ここでは「Message」，「Creative」，「Listen」，「Coordinate」をそれぞれ選択して［Add］をクリックし，各属性を「causal conditions」すなわち原因条件（候補）の欄に移します。

そして，［Show solution cases in output］にチェックを入れます。こうすると，分析結果の出力において，「この解項にはどの事例が該当するのか」といった情報が表示されます。今回は［ID］がデフォルトで表示されているので，これはそのままにします。

このように結果，条件等の選択が済んだら，［OK］ボタンをクリックしてください。すると不備真理値表が現れます（図表4.6）。

csQCAの場合の不備真理値表と非常によく似ています。むしろ，csQCAとfsQCAの相違を無視するかのように，見た目が一致しています。

ところで，csQCAの不備真理値表において，各条件の下の数字（0 or 1）はまさに，その条件を満足している（Yes＝1）かいないか（No＝0）をそのまま示していました（図表2.9（49ページ）参照）。一方，fsQCAの場合，各条件に対する属性値は0や1以外（この例では0.33や0.67）もとりうるはずですが，上記真理値表では0と1しか示されていません。不思議ですね。

実は，ここで，元の個別事例は，その各条件の属性値に基づき，最も近い条件構成の行に割り当てられます（Ragin, 2008a, 2017）。最小限の説明で済ませる

図表4.6 | Edit Truth Table画面（不完備真理値表）

Message	Creative	Listen	Coordinate	number	Promote	cases	raw consist.	PRI consist.	SYM consist
0	0	0	1	3 (10%)		cases	0.496241	0	0
0	1	0	1	3 (20%)		cases	0.6997	0.502488	0.502488
1	0	0	0	2 (26%)		cases	0.560377	0.220736	0.24812
0	1	0	0	2 (33%)		cases	0.900602	0.673267	0.673267
0	0	1	0	2 (40%)		cases	0.496241	0	0
1	0	0	1	2 (46%)		cases	0.542466	0.165	0.197605
0	1	1	0	2 (53%)		cases	0.858369	0.673267	0.673267
1	1	1	0	2 (60%)		cases	0.858369	0.753731	0.753731
1	0	0	0	2 (66%)		cases	0.723288	0.395209	0.492537
1	1	0	1	2 (73%)		cases	1	1	1
1	0	1	1	2 (80%)		cases	1	1	1
0	1	1	1	2 (86%)		cases	1	1	1
1	1	1	1	2 (93%)		cases	1	1	1
1	1	0	0	1 (96%)		cases	0.875472	0.67	0.67
0	0	1	1	1 (100%)		cases	0.834171	0.75188	0.75188
0	0	0	0	0 (100%)					

ならば，個別事例の各条件の属性値を，これが0.5未満の場合は0に，これが0.5を超える場合は1に置き換えます（これらの操作を本書では「極に寄せる」と表現することにします）。なお，属性値として0.5は割り当てられません。この点については第5章で説明します。

各事例は，そのようにして属性値を極に寄せた値の組合せに基づき，該当する条件構成の行に割り当てられます。詳しい考え方は，補論B「fsQCAにおける各事例の条件構成への割り当て」（206ページ）を参照してください。

たとえば，事例ID15は，図表4.7のような属性値を持っています。これをそれぞれ直近の極に寄せると，最下行「0/1変換後の値」のようになります。

ですので，この事例ID15は，真理値表では，(0, 0, 1, 0) の行に割り当てられることになります。fs/QCAソフトウェアにおいて，当該行のやや右側，[Cases] をクリックすると，この条件構成に割り当てられた事例（ID15と27）が表示されます。事例ID15について，「15 (0.67, 0.00)」と表示されています。ここで，カッコ内の1つめの数字（0.67）は，条件構成（~Message*~Creative*Listen*~Coordinate）に対するID15の属性値です（なぜこの値（0.67）になるかについては，第5章5.4節で説明します。）。また，その次の「0.00」は，結果

第4章　fsQCAであいまいなデータを分析する　113

図表4.7 | 属性値の変換

事例ID15	発信行動 (Message)	創造性 (Creative)	傾聴行動 (Listen)	対外調整行動 (Coordinate)
属性値 (ローデータ)	0.33	0.33	0.67	0.33
	↓	↓	↓	↓
0/1変換後の値	0	0	1	0

（Promote）に対する属性値です。たしかに，図表4.4をみると，ID15のPromoteの値は0です。

　事例を各行に割り当ててしまえば，不完備真理値表の読み方はcsQCAの場合とほぼ共通です。以下，不完備真理値表の内容を再確認します。

　真理値表の各行は，個別の条件の組合せ（条件構成）に対応しています。そこには，各条件（この例では4条件）の「あり」（＝1）と「なし」（＝0）の組合せが示されています。4条件の場合，行数は16（＝2^4）です。

　各行においては，左から，条件（ここでは「Message」，「Creative」，「Listen」および「Coordinate」）の値（0 or 1）が並んでいます。その右の［number］は，当該条件構成に該当する事例数と，全事例に占める割合です。

　最下部の1行のみ［number］が0となっています。これは，該当する事例が観測されなかった条件構成，すなわち論理残余（logical remainder）です。

　次に，結果（ここでは「Promote」）の欄があります。不完備真理値表を生成した段階では空欄ですが，後で，csQCAの場合と同様，分析者の判断でここに0または1の値を入力します。

　そのさらに右の［cases］をクリックすると，さきほど行ったように，具体的な事例名が表示されます。その際，くわえてカッコ内に，条件構成および結果に対する属性値も表示されます。csQCAの場合はカッコ内の数値は1.00または0.00のいずれかでしたが，fsQCAの場合はそれ以外の値をとることもあります。

4.5.2 「結果あり」の判断

先に示した真理値表は，不完備真理値表です。ここから完備真理値表を生成するため，各行（条件構成）に対して整合度等に基づき「結果あり」あるいは「結果なし」（「結果ありにつながるとはいえない」）のいずれとするかの判断を行います。そして，「結果ありにつながる」と判断された場合，結果欄（ここでは「Promote」）に1を，そうでない場合には0の値を入力します。この流れは基本的にcsQCAの場合と同じです。

結果欄（ここでは「Promote」）に1／0いずれの値を入力するかは，その条件構成の①度数（事例数），②整合度，および③PRI（不整合減少率：proportional reduction in inconsistency）によって判断します。これらのうち度数基準の考え方はcsQCAの場合と同じです。また，fsQCAの場合の十分条件の整合度は，fsQCAの場合と計算式が異なりますが，意図するところは同じです[7]。

一方，PRIは，fsQCA固有の指標（基準）です。PRIは，ある条件構成が結果「あり」の十分条件であると同時に「結果なし」の十分条件になるというような，矛盾した状況に陥っていないことを確かめるための指標です[8]。PRIについては第5章5.5.2項（165ページ）で詳しく説明します。

フローチャート（図表4.8）に従い，以下のロジックで，結果欄である「Promote」列に「1」を入力，または「0」を入力，あるいは「空欄のままとする」のいずれとするかを決めてください。

① 度数基準：十分な事例数（frequency）があるか

「結果あり」の判断にあたり，csQCAの場合と同様，「frequency cutoff」（度数基準）を適用し，「観測されたとみなすには，少なくともその度数基準以上の事例が必要」と考えます。度数基準未満の事例しかない場合（0事例の場合

---

7 fsQCAにおける十分条件の整合度については，第5章5.5.1項（159ページ）で説明します。
8 PRIの確認を通じて，いわば「この水晶玉を買いなさい。そうすれば志望校に必ず合格します。しかも，必ず不合格になります。」というような状況を避けます。なお，csQCAにおいてもPRIは計算可能ですが，その値はつねに整合度と等しくなります。このため，csQCAにおいてPRIを考慮する必要はありません（第5章5.5.2項（165ページ）参照）。

図表4.8 | 「結果あり」の判断フロー (fsQCA)

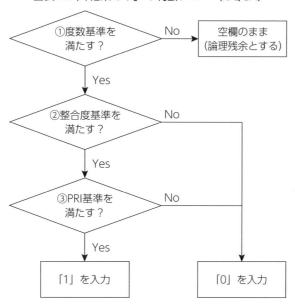

含む），その条件構成は論理残余行とみなします。このとき，「結果」欄は空欄のままとします。

　なお，大規模サンプル（Large-N）による研究の場合は複数事例必要と考えることが多いですが，小規模サンプル（Small-N）（N＝12～50）の場合は，1事例でも十分とみなすことが一般的です（Greckhamer et al., 2018）。

② **整合度基準：十分な整合度（consistency）があるか**

　上記①の度数基準を満たした行について，不完備真理値表の［raw consist.］（raw consistency：素整合度）を，整合度基準と比較します。「十分条件として満足な素整合度」である整合度基準（consistency cutoff）としては，0.8や0.75が適用されます[9]。この基準（通常，0.8または0.75）と照らし合わせ，適用した基準以上の行については，③のPRI基準による判断に進みます。一方，当該基準未満の行については「Promote」に「0」を入力します。

　ここの例では，たとえば1行目の素整合度は「0.496241」となっています。

この場合，整合度基準を0.75と0.8のいずれにしても「十分条件になっているとはいえない」と判断されますので，「Promote」に「0」を入力します。

③ PRI基準：十分な不整合減少率（PRI）があるか

前述のように，fsQCAでは「条件構成が，ある結果とその結果の否定の双方の十分条件になる」という状況に陥ることがあります。このような条件構成には，不整合減少率（PRI：Proportional Reduction in Inconsistency）の値が小さいという特徴があります。このため近年，「十分条件とみなすには，一定以上のPRIが必要」と考えることが一般的になっています。

その際の最小PRI基準として，0.7（たとえば，Fainshmidt et al., 2020；Greckhamer et al., 2018），0.6（たとえば，Cannaerts et al., 2020）などが適用されます。

さて，ここでは，度数基準「事例数≧1」，整合度基準「整合度≧0.8」，そしてPRI基準「PRI≧0.6」を適用して，生存（Promote）につながる十分条件候補を抽出することとします[10]。

不完備真理値表中，「Promote」列について，以下のとおり入力します（その前に，[raw consist.]を（2回）クリックして，整合度順にソートしておくと便利です）。また，この部分をとばし，後で説明する一括入力の方法によってもかまいません（慣れたらそのほうがはるかにスピーディーです）。

> ➢ 事例数（[number]）が1未満（=0）の行（1行）には，何もしない。
> ➢ 事例数（[number]）が1以上の行のうち，
>   ✧ [raw consist.]が0.8以上，かつ[PRI consist.]が0.6以上の行（計9行）には「1」を入力する。

---

[9] csQCAであれば，整合度0.8とはまさに10事例中8事例以上で結果が生じているという整合事例の割合の状態を指していました。しかし，fsQCAの整合度には，不整合事例についてその不整合の程度も加味されています。なので，fsQCAの整合度の解釈は，実はそう単純ではありません。

[10] 近年では，PRI基準として，0.6ではなく0.7を適用するほうが一般的と思われます。しかしながら今回の分析では，やや甘めの判断になりますが，0.6を適用しました。

> ◇ ［raw consist.］が0.8未満，または［PRI consist.］が0.6未満の行（計6行）には「0」を入力する。

なお，今回は度数基準を1としましたが，一般に，これをNとした場合には，上記の事例数1をNに，0を「N−1」に読み替えてください。

ここで，論理残余行（この例では1行だけですが，論理残余行が2行以上ある場合は，最も上にある行）の結果欄を選択（塗りつぶし）状態にしてください。その状態で，［Edit］から［Delete current row to last row］（現在の行から最終行までを削除）を選択してください。すると論理残余行が消え，完備真理値表となります（図表4.9）。

図表4.9｜Edit Truth Table画面（完備真理値表）

Message	Creative	Listen	Coordinate	number	Promote	cases	raw consist.	PRI consist.	SYM consist
1	1	0	1	2	1	cases		1	1
1	0	1	1	2	1	cases	1	1	1
0	1	1	1	2	1	cases	1	1	1
1	1	1	1	2	1	cases	1	1	1
0	1	0	0	2	1	cases	0.900602	0.673267	0.673267
1	1	1	0	1	1	cases	0.875472	0.67	0.67
0	1	1	0	2	1	cases	0.858369	0.673267	0.673267
1	1	1	0	2	1	cases	0.858369	0.753731	0.753731
0	0	1	1	1	1	cases	0.834171	0.75188	0.75188
1	1	0	1	2	0	cases	0.723288	0.395209	0.492537
0	1	0	1	3	0	cases	0.6997	0.502488	0.502488
1	0	0	0	2	0	cases	0.560377	0.220736	0.24812
1	0	1	0	2	0	cases	0.542466	0.165	0.197605
0	0	0	1	3	0	cases	0.496241	0	0
0	0	0	1	2	0	cases	0.496241	0	0

なお，csQCAのところでも紹介しましたが，上記のとおり各行逐一結果の値を入力する代わりに，自動ですべての値を入力しかつ論理残余行を削除する機能もあります。方法はcsQCAの場合と同じです。この場合，結果値入力前の不完備真理値表の状態で，［Edit］から［Delete and code …］を選択してください。すると，図表2.13（56ページ）のようなダイアローグ画面が現れます。

ここで，分析者が決めた基準（今回は，度数基準として「事例数≧1」，整合度基準として「整合度≧0.8」）をこのダイアローグ画面で指定します。

> ➤ 度数基準に関し，[Delete rows width number less thar][11]（事例数○○未満の行を削除）の右の欄に，「1」を入力する。
> ➤ 整合度基準に関し，[and set Promote to 1 for row with consist>=]（整合度○○以上の行について，「Promote」の値を1にセット）の右の欄に，「.8」を入力する。

そして［OK］をクリックすると，図表4.9と同じ完備真理値表が生成されます。

ただし，この自動処理においてPRI基準を加味することはできません。上記に従い，度数基準と整合度基準によって結果入力と論理残余行消去を行った上で，出力された真理値表中，PRI（ソフトウェアでは［PRI consist.］と表記）が基準未満の行の「結果」（ここでは「Promote」）の「1」を「0」に書き換えてください。

PRIについての補足*

*PRIについては，第5章5.5.2項および第6章「実践のためのQ&A」［Q17］（192ページ）も参照願います。

各行の素整合度（[raw consist.]）の右には，[PRI consist.] が示されています。これは，不整合減少率（PRI：Proportional Reduction in Inconsistency）とよばれるものです。PRIにより，分析に使用したデータの条件の属性値に偏りがなく，十分条件分析を行う上で適切なものであることを確認することができます。

この確認は重要です。というのも，素整合度が大きくとも，PRIが小さいと，その条件構成が十分条件の一部とみなすことが適切でない場合があるからです。具体的にいうと，PRIが小さいと，「ある条件（X）が，ある結果（Y）とその否定（~Y）の双方の十分条件になる」という矛盾した分析結果が生じることがある

---

11 正しくは，"Delete rows with number less than" と思われます。

のです（第5章5.5.2項）。

例として不完備真理値表（図表4.6）中、「0, 1, 0, 0」すなわち「発信行動なし、創造性あり、傾聴行動なし、対外調整行動なし」の行を見てみましょう。

素整合度＝0.900602と大きいですが、PRI＝0.673267であり、素整合度より小さくなっています。これは、この「発信行動なし、創造性あり、傾聴行動なし、対外調整行動なし」が、「昇進」の十分条件であるのみならず、「NOT昇進」（昇進しない）の十分条件になっている疑いがあることを示しています。

この点を確かめてみましょう。メイン画面に戻り、[Truth Table Algorithm]から「Select Variables」に進んだところで、「Promote」を選択した状態で[Set]に代え[Set Negated]をクリックすると、「NOT昇進」(~Promote)を「結果」とした十分条件分析が行えます。その他の入力を先の分析と同じにして分析すると、新たに生成された不完備真理値表において、先ほどと同じ条件構成「0, 1, 0, 0」すなわち「発信行動なし、創造性あり、傾聴行動なし、対外調整行動なし」について、以下の値が表示されます。

素整合度（[raw consist.]）＝0.795181
PRI（[PRI consist.]）＝0.326733

これは、「発信行動なし、創造性あり、傾聴行動なし、対外調整行動なし」が、先に確認したとおり「昇進」の十分条件となると同時に、整合度だけで見ればほとんど「NOT昇進」の十分条件でもあることを示しています（上記整合度（0.795181）は、整合度基準を0.75とした場合に十分条件とみなされるレベルです）。

以上のように、PRIが低い条件構成は、ある結果とその否定の双方の十分条件になりかねません。

このような場合は、本来、データの偏りを疑う必要があります（ただし便宜上、このデータを用いて以下の分析を続けます。ご了承ください）。

4.5.3　中間解生成のための方向性期待の指定・分析実行

次に、中間解生成において適用される方向性期待を指定します。これは、論理残余行について、もし該当する事例があったと仮定した場合、ここで結果が生じていたと仮定するか否か等を指定するものです。作業はcsQCAの場合と同様です。考え方については、第2章2.6.3項「中間解生成のための方向性期待

の指定・分析実行」(56ページ)を参照してください。

さて,「Edit Truth Table」画面右下の[Standard Analysis]をクリックしてください。すると,図表2.14（57ページ）のような「Intermediate Solution」ウィンドウが現れます（もちろん,表示されている条件（Causal Conditions）は第2章で取り上げた例のものではなく,本章で取り上げたもの（「Message」など）が列記されています）。ここで,各条件に対して,その存在または不存在のいずれが結果「昇進（Promote）」に寄与すると考えるかに関する仮定を指定します。

[Should contribute to Promote when cause is：]（原因が〇〇のとき,結果「昇進」に寄与する）に対し,以下の3つから方向性期待を指定すると説明しました。

> Present：条件「あり」が,結果「生存」の生じる方向に作用すると仮定
> Absent：条件「なし」が,結果「生存」の生じる方向に作用すると仮定
> Present or Absent：条件「あり」か「なし」か,いずれが結果「生存」の生じる方向に作用するかはわからないと仮定

ここでは,4つの条件いずれも幹部昇進につながると仮定し,「Present」を選択することとしましょう[12]。もちろん,実際の研究においてどのような方向性期待を指定するかは,理論（先行研究）や分析者の土地勘・経験に基づく判断となります。

4.5.4 解式の形式の選択

ここで,csQCAの場合と同様,「Prime Implicant Chart」（主項表）ウィンドウが現れることがあります（現れないこともあります）。その場合は,解式の表現において中心に据えたい主項を選んでチェックを入れ,[OK]をクリックしてください。

---

[12] 方向性期待が中間解にどのように影響するか,さまざまなデータ例を用い,また,方向性期待を変えてみて,試してみてください。なお,本章のデータ例では,方向性期待をすべてPresent or Absent（条件「あり」か「なし」のいずれが結果「生存」に生じる方向に作用するかはわからないと想定）にしても,さらには,Absent（条件「なし」が,結果「生存」に生じる方向に作用すると想定）にしても,出力される中間解は同じでした。これは,不完備真理値表において論理残余行が1つしかなく,方向性期待が結果に影響する余地がそもそも小さかったことが影響しています。

4.5.5 解式の出力・解釈

すべての仮定を選択し，[OK] をクリックすると，メイン画面（右側）に分析結果が表示されます。

1回の分析で，「COMPLEX SOLUTION」（複雑解），「PARSIMONIOUS SOLUTION」（最簡解），および「INTERMEDIATE SOLUTION」（中間解）の3種類の解が，この順に出力されます。これら3種類の解の意味はcsQCAの場合と同じです。また，解そのものに加え，その解に関連したさまざまな指標が出力されます。出力形式はcsQCAと共通です。ただし，厳密にいえば，整合度等の定義（第5章5.5節で説明します）がcsQCAの場合と異なっているので注意してください。

ここでは，中間解を取り上げてその読み方を説明します（図表4.10）。なお，今回の分析では，複雑解・最簡解・中間解とも解式はすべて同じでした。これは，不完備真理値表において論理残余行が1つしかなく，反事実仮定が結果に影響する余地が小さかったためといえます。

出力結果の構成はcsQCAと同じで，おおまかな構成は以下のとおりです。

---
① 分析内容の要約（使用ファイル名，分析モデル，最小化アルゴリズム）
② 解導出に適用した設定（度数基準，整合度基準，反事実仮定）
③ 解と評価指標（被覆度，整合度等）
④ 解の各項に該当する事例とその属性値

以下，これらについて説明します。

① 分析内容の要約

結果冒頭，「TRUTH TABLE ANALYSIS」の下，「File」として，分析に使用したcsvファイルのパスとファイル名が表示されています。

その次の「Model」は，どの「結果」を，どの「条件」の観点から検討したかを示します。今回，

Promote＝f(Message, Creative, Listen, Coordinate)

とあるのは，「幹部昇進（Promote）」を，「発信行動（Message）」，「創造性

図表4.10｜十分条件分析結果（fsQCA：中間解）

```
**************************
*TRUTH TABLE ANALYSIS*
**************************
File：（パス名およびファイル名）
Model：Promote＝f(Message, Creative, Listen, Coordinate)     ①
Algorithm：Quine-McCluskey

--- INTERMEDIATE SOLUTION ---

frequency cutoff：1
consistency cutoff：0.834171
Assumptions：
Message  (present)                ②
Creative (present)
Listen   (present)
Coordinate (present)

                       raw        unique
                       coverage   coverage    consistency
                       --------   --------    -----------
Creative*~Coordinate   0.360312   0.140887    0.901049
Message*Creative       0.360312   0.0605515   0.94795        ③
Listen*Coordinate      0.419664   0.29976     0.95498
solution coverage：0.800959
solution consistency：0.93101
                                                              ④
Cases with greater than 0.5 membership in term Creative*~Coordinate：26(1,0.67),
  3(0.67,0.67), 10(0.67,0.67), 13(0.67,0.67),
  24(0.67,0.67), 11(0.67,1), 17(0.67,1)
Cases with greater than 0.5 membership in term Message*Creative：17(1,1),
  1(0.67,1), 2(0.67,1), 3(0.67,0.67),
  4(0.67,0.67), 11(0.67,1), 18(0.67,0.67)
Cases with greater than 0.5 membership in term Listen*Coordinate：1(1,1),
  2(1,1), 9(1,1), 14(1,1),
  5(0.67,0.67), 19(0.67,1), 23(0.67,0.67)
```

（Creative）」，「傾聴行動（Listen）」，「対外調整行動（Coordinate）」の関数（f：function）として分析したことを示します。

「Algorithm」は，真理値表に示された条件を解式に最小化する際，fs/QCA

ソフトウェアが，クワイン・マクラスキー法を適用していることを示しています（Fiss, 2007；Ragin, 2009）。

② 解導出に適用した設定

「--- INTERMEDIATE SOLUTION ---」より下の部分が中間解に関する出力結果です。

そのうち最初に，分析者が適用した各種設定条件が示されます。

「frequency cutoff：1」は，先ほど，4.5.2項「『結果あり』の判断」の箇所で入力した①度数基準を満たす条件構成の事例数のうち，最小のものを示しています。先ほど度数基準1（該当する事例が1つでもあれば，整合度基準による判断に進む）と指定しました。今回，この基準を満たす事例がありましたので，当該事例数「1」が示されています。

「consistency cutoff：1」は，先ほど入力した整合度基準を満たす条件構成の整合度のうち，最小のものを示しています。先ほど整合度基準として「0.8」を入力しました。ここで，0.8以上として，0.834171の整合度を持つ条件構成（図表4.9の第9行）がありましたので，この値（0.834171）が示されています。

「Assumptions」は，反事実仮定入力画面において中間解導出のために選択した，結果発生への各条件の寄与の方向（present/absent/present or absent）を示しています（複雑解および最簡解の項目には表記されません）。

③ 解と評価指標

さて，その下にいよいよ，中間解とこれを構成する要素（項：term）に関する指標が示されています。

左側に中間解の各項（この例では3項＝3行）が示されています。そしてこれらを「AND」（または：「＋」）で結んだものが中間解です。すなわち中間解は，以下のようなものになりました。

```
Creative*~Coordinate
    +Message*Creative
    +Listen*Coordinate
```

言葉にすれば，

　「創造性あり，かつ，対外調整行動なし」または，

　　「発信行動あり，かつ，創造性あり」または，

　　「傾聴行動あり，かつ，対外調整行動あり」

です。

各項は，以下のようなリーダーを表しているといえばよいでしょうか[13]。

> ➢ 第1項（創造性あり，かつ，対外調整行動なし）：対外調整は苦手だが創造性豊かな「アイディア型」（I型）リーダー
> ➢ 第2項（発信行動あり，かつ，創造性あり）：組織のビジョンを創造してメンバーに積極的に発信する「ビジョン型」（V型）リーダー
> ➢ 第3項（傾聴行動あり，かつ，対外調整行動あり）：メンバーの声に耳を傾け，かつメンバーのために対外調整の労をいとわない「サーバント型」（S型）リーダー

　これらの解項（第1項～第3項）と解全体について，評価指標が示されています。以下で用いるfsQCAの十分条件の整合度と被覆度は，csQCAの場合と計算式が異なります。詳細は第5章5.5.1項（整合度）と5.5.3項（被覆度）で説明します。しかし式が異なっても，csQCAの場合と同じようなものとしてその値を解釈してさしつかえありません。

　解全体（3つの項をOR（＋）で結んだ全体）に対する指標としては，さきほどの解の各項の下に，「solution coverage」（解被覆度）と「solution consistency」（解整合度）が表示されています。ここでは，解被覆度＝0.800959です。csQCAであれば，結果が生じた全事例中，この解の条件を満たしていた事例の割合が80.0959％ということになりますが，fsQCAの場合，単純な事例比ではないので注意してください（第5章5.5.3項（169ページ）参照）。

　また，解整合度＝0.93101です。csQCAであればこの値は，条件を満たした事例のうち結果が生じていた事例の割合を示します。しかしここでも，fsQCAの場合はこのような単純計算ではありません（第5章5.5.1項（159ページ）参照）。

13　ここでは安易にこのような解釈を示しましたが，実際の研究では，先行研究の知見や領域知識に基づく説得力のある考察が必要です。

次に，解の各項それぞれに関する指標としては，「raw coverage」(素被覆度)，「unique coverage」(固有被覆度)，および「consistency」(整合度) が，各項の右側に示されています。たとえば，第1項「Creative*~Coordinate」(創造性あり，かつ，対外調整行動なし) の場合，素被覆度＝0.360312，固有被覆度＝0.140887，整合度＝0.901049です。

ちなみに，第2項「Message*Creative」(発信行動あり，かつ，創造性あり) は，素被覆度＝0.360312で第1項と同じですが，固有被覆度＝0.0605515で，こちらは第1項の半分以下です。このようなことから，被覆度だけで判断するならば，第2項よりも第1項のほうが重要な解項であると考えられます[14]。第2項は，第1項と比べて他の項との重複部分が大きいのです。

そして「consistency」は各項に対する素整合度 (raw consistency) を示しています。

④ 解の各項に該当する事例とその属性値

そのさらに下の，「Cases with …」は，各条件項に対して，属性値が0.5を超えている (すなわちXYプロットにおいて右半分に存在する) 事例について，その条件構成および結果に対する属性値が列記されています。

たとえば第1項について以下が表示されています。

```
Cases with greater than 0.5 membership in term Creative*~Coordinate
: 26(1,0.67),
  3(0.67,0.67), 10 (0.67,0.67), 13 (0.67,0.67),
  24(0.67,0.67), 11 (0.67,1), 17 (0.67,1)
```

ここで，「Cases with greater than 0.5 membership in term Creative*~Coordinate」とは，「条件構成『Creative*~Coordinate』の属性値が0.5より大きい事例」という意味です。この条件構成には，計7事例が該当しています。それらのうち最初に示された「26 (1, 0.67)」(図中，下線を付してあります) は，事

---

14 あくまで，被覆度だけで判断した場合の解釈です。そのような判断がつねに妥当だとは限りません。データによる経験的な関連性 (empirical relevance) と，理論的関連性 (theoretical relevance) は別物です (Schneider & Wagemann, 2010)。

例ID26に関する情報です。カッコ内の最初の数字「1」は，条件の属性値が1という意味です。コンマの後の「0.67」は，結果の属性値が0.67という意味です。

実は，fsQCAにおいて，ある条件が結果の十分条件になっているとは，各事例について，その結果の属性値が条件の属性値以上，すなわち［条件の属性値］≦［結果の属性値］の関係にあることをいいます（詳しくは第5章5.4.4項で説明します）。一方，この事例（ID26）にあっては，［条件の属性値］＞［結果の属性値］となっています。つまりID26は，十分条件としては不整合事例なのです。

なお，fsQCAの場合，［条件の属性値］≦［結果の属性値］であれば，本来，［条件の属性値］が0.5より小さくても十分条件の整合事例になります。しかし，ここではあくまで，［条件の属性値］が0.5を超える事例のみが示されます。つまり，ここに列記された事例のみが，条件を満たしかつ結果も生じている事例というわけではありません。［条件の属性値］≦［結果の属性値］でありながらここに示されていない事例が存在しうるのです。

たとえば事例ID16は，MessageとCreativeの値がともに0なので，第2の条件構成（Message*Creative）に対する属性値が＝0です。一方，事例ID16はPromoteの値が0.33です。その結果，［条件（Message*Creative）に対する属性値］≦［結果（Promote）の属性値］となっているので，事例ID16は第2項関連の整合事例とみなされます。しかし事例ID16は，(Message*Creative)に対する属性値が0（＜0.5）であるため，「Cases with greater than 0.5 membership in term Message*Creative」には含まれていません。

4.6　XYプロットの描画

さきほど，fsQCAにおいて，ある条件が結果の十分条件になっているとは，各事例について，その結果の属性値が条件の属性値以上，すなわち［条件の属性値］≦［結果の属性値］の関係にあることをいうと述べました（第5章5.4.4項参照）。

実は，必要条件も同様に，属性値の大小関係によって定義されます。具体的には，ある条件が結果の必要条件になっているとは，各事例について，その結果の属性値が条件の属性値以下，すなわち［条件の属性値］≧［結果の属性

値]の関係にあることをいいます(第5章5.4.5項参照)。

なぜそう考えることにしたのかは次章で詳しく説明するとして，fsQCAでは，このように条件(単一の条件および条件構成)と結果の属性値の大小関係というものが非常に重要になります[15]。

このためfs/QCAソフトウェアは，各事例の条件の属性値と結果の属性値の関係を把握するための散布図(XYプロット)を描画する機能をもっています。実際に試してみましょう。ここでは，X軸(横軸)に条件の属性値を，Y軸(縦軸)に結果の属性値を割り当てます。

そのためにまず，csvファイルを読み込んだ状態で，メイン画面上部の[Graphs]から[XY Plot]をクリックすると，XYプロット描画画面が表示されます(図表4.11)。

図表4.11 | XY Plot画面(条件選択前)

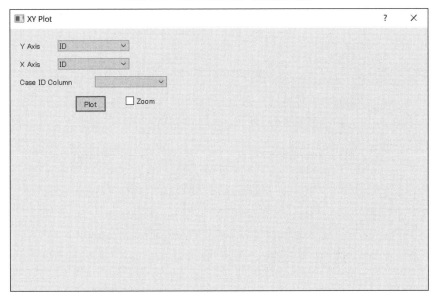

---

15 とはいえ，十分条件や必要条件を属性値の大小で考えるというのは，fsQCAを理解する上での1つのハードルになるかもしれません。詳しくは次章5.4節で説明しますが，難しいと思ったら，慣れるまでは深入りしないのも一手です。かつて，釈然としなくてもひとまず「(−1)×(−1)=1」を受け入れたのと同じようにです。

ここで，[Y Axis]右のプルダウンから結果（Y軸／縦軸）に割り当てたい条件を選択します。ここでは「幹部昇進」（Promote）を選択してみましょう[16]。つづいて，[X Axis]右のプルダウンから条件（X軸／横軸）に割り当てたい条件を選択します。ためしにここでは「創造性」（Creative）を選択してみましょう。Y軸と同様，否定（negate）を選ぶことも可能です。

そして［Plot］をクリックすると，ウィンドウの右側にXYプロットが現れます（図表4.12）。また，［Plot］ボタンの下には，結果に関する選択済み条件の，十分条件としての整合度（Consistency X＜＝Y：の右の値）や，必要条件としての整合度（Consistency X＞＝Y：の右の値）も表示されます。なお，その際（［Plot］クリックの前後いずれでも），［Zoom］にチェックを入れると，データが存在する範囲のみを拡大して表示することができます。

図表4.12 | XY Plot画面（描画後）

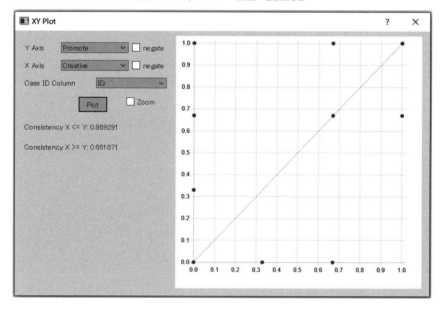

---

16 条件を選択すると，そのすぐ右に［negate］と記されたチェックボックスが現れます。これにチェックを入れると，Y軸には，「昇進」（Promote）ではなく「NOT昇進」（~Promote）の属性値が割り当てられます。具体的には，「1－［昇進の属性値］」となります。

XYプロットによって，十分条件関係や必要条件関係の成立の程度（整合度の高さ）や，条件や結果の属性値が偏っていないことを，視覚的に確認することができます。

　具体的にはまず，XYプロットを用いて，十分条件関係を以下のとおり確認できます。対角線（Y＝X）の上側（対角線を含む）はX≦Yの領域です。ところで先ほど，ある条件が結果の十分条件になっているとき，［条件の属性値］≦［結果の属性値］の関係にあると述べました。このことから，ある条件（X）が結果（Y）の十分条件として整合度が高い場合，プロット点（各事例を表す）は対角線(直線Y＝X)より上側に集まることになります。十分条件としての整合度が1であれば，すべてのプロット点が対角線上またはその上側に位置します。

　一方，ある条件が結果の必要条件になっているとき，［条件の属性値］≧［結果の属性値］の関係になります（第5章5.4.5項で説明します）。ある条件（X）が結果（Y）の必要条件として整合度が高い場合，プロット点は対角線の下側に集まります。必要条件としての整合度が1のときは，すべてのプロット点が対角線上またはその下側に位置することになります。

　さらに，XYプロットを用いて，同時部分集合関係が生じていないことを視覚的に確認することができます[17]。すなわち，Xが0に近い値に偏っているようなときには，同時部分集合関係が疑われます。

　ところで，上の描画では，当初分析に投入した4つの個別の条件のうちの1つを選び，これをX軸に割り当てていました。そうではなくて，前項までで導出した複合的な解（条件構成）をX軸とするようなXYプロットを描き，当該条件構成の属性値と結果の属性値の関係を確認したくなるかもしれません。たとえば，得られた解が十分条件としてふさわしくなるよう，条件構成の属性値が0から1の間で偏りなく分布し，かつ，おおむねのプロット点においてY≧Xとなっていることを目で見てみたいというときもあるでしょう。

---

[17] 同時部分集合関係（simultaneous subset relation）とは，ある集合（X）が，集合（Y）とその補集合（~Y）の双方の部分集合となっている，すなわちXがYとNOT Yの双方の十分条件となっている状況をいいます。これは，わたしたちの分析目的上，望ましい状況ではありません。前述のPRIはこの状況を検出するためのものです。詳しくは第5章5.5.2項（165ページ）を参照してください。

ここまで使用してきたcsvファイルによる分析では，上記で得られた複合的な解（条件構成）を直接選択してX軸に割り当てることはできません。なので，複合的条件構成と結果の関係に対するXYプロットを描くには，当該条件構成に1列を割り当てるようなローデータ行列を用いる必要があります。これには以下の2とおりの方法があります。

> ① 解に相当する条件構成を含むcsvファイルの作成
> ② fs/QCAソフトウェア上での条件構成（変数）の追加

以下，本節ではそれぞれの方法について簡単に説明します。

4.6.1 解に相当する条件構成を含むcsvファイルの作成

この方法では，ある列に条件構成に対する属性値を追加的に割り当てるcsvファイルを作成してから，これをfs/QCAソフトウェアに読み込みます。

このためには，ローデータ表をエクセルファイルで作成し，関数を用いて属性値を計算します。その上で，当該エクセルファイルをcsvファイルに変換します。

なお，のちほど第5章5.4節で詳しく説明しますが，「かつ」(*)，「または」(+) および否定 (~) の属性値は，以下のとおり求めることになっています。

> ➢ 「A*B」の属性値＝Aの属性値とBの属性値の小さいほう＝min (A, B)
> ➢ 「A+B」の属性値＝Aの属性値とBの属性値の大きいほう＝max (A, B)
> ➢ 「~A」の属性値＝1－Aの属性値

本書では，XYプロット描画用に，先に導出した解（条件構成）を列として持つファイルを用意しました。中央経済社のサイトからダウンロードし，使用してください（xiiiページも参照）。

URL： https://www.biz-book.jp/isbn/978-4-502-51301-5
ファイル名： Leaders_withSolutions.csv

このファイルには，以下の3つの解およびそれらの組合せ（条件構成：123ページの③）の列が追加され，各事例に係る属性値が計算され，示されています。

> - TypeI：I型（アイディア型：Creative*~Coordinate）
> - TypeV：V型（ビジョン型：Message*Creative）
> - TypeS：S型（サーバント型：Listen*Coordinate）
> - IorVorS：I型またはV型またはS型
>   （アイディア型またはビジョン型またはサーバント型：
>   Creative*~Coordinate＋Message*Creative＋Listen*Coordinate）

XYプロットにおいて，上記各解（および項）のいずれかをXとし，幹部昇進（Promote）をYとして投入，描画させることができます。例として図表4.13では，アイディア型（「創造性があり，かつ対外調整行動なし」：Creative*~Coordinate）と幹部昇進の間の関係を図示してみました。ご自身で描画される場合は，[X Axis] に対して「TypeI」（アイディア型）を選択してください。

図表4.13 | XYプロット（アイディア型と幹部昇進）

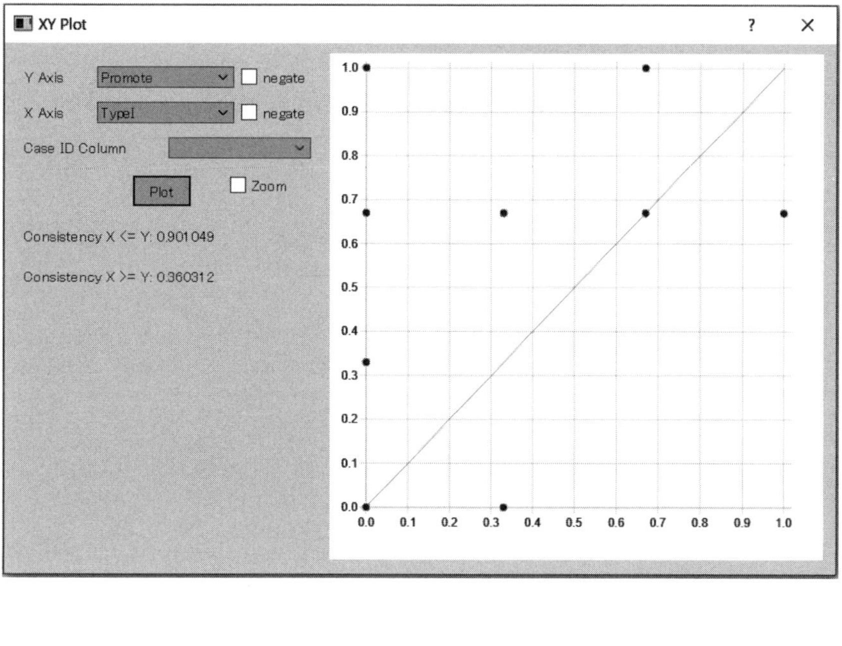

この解の整合度は0.90なので，大部分のプロットは対角線よりも上側に存在します。対角線より下側にあるものは不整合事例，すなわち，「創造性があり，かつ，対外調整行動なし」（条件）の属性値よりも「幹部昇進」（結果）の属性値のほうが小さいような事例です。

4.6.2 fs/QCAソフトウェア上の条件構成（変数）の追加

　ローデータ表（csvファイル）をfs/QCAソフトウェアに読み込んだ後でも，ソフトウェア上で条件（変数）を追加することが可能です。またその条件の属性値として，他の条件の属性値の関数の形で計算・入力することができます。

　このためまず，メイン画面上部の［Variables］から［Compute］を選択してください。すると，図表4.14のような「Compute Variable」画面が現れます。ここで，最上部［New Variable］の右のボックスに，新しく付けたい条件（変数）名（たとえば，「A and B」）を入力します。そして，その下のやや大きなボックスに，当該条件の属性値を算出する式を入力してください。その際，さらに左下のボックスに既存の条件が列記されているので，これを選択することによって上の数式ボックスに入れることができます。既存条件の右側の2つのボックスには，さまざまな演算子が列記されているので，これらを選択し，先ほどの条件と組み合わせることによって新規条件の属性値を定義することができます。式が完成したら，最下部の［OK］をクリックしてください。すると，ローデータ表に，今追加した条件の列が，各事例に対する属性値とともに追加されます[18]。

18　ここでの内容とは関係ありませんが，今条件を追加したのと同じように，事例を追加することも可能です。そのためには，メイン画面上部の「Variables」から「Cases」，ついで「Add」を選択し，追加したい事例数（すなわち行数）を指定してから，当該事例の属性値を入力してください。

図表4.14 | Compute Variable画面

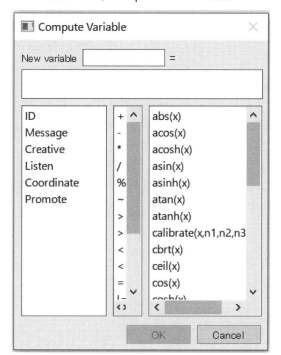

4.7　真理値表と分析結果の保存

　作成した真理値表と分析結果の保存方法は，csQCAの場合と同じです。
　真理値表を保存するためには，「Edit Truth Table」ウィンドウ上部にある［File］，そして［Save as CSV File］をクリックし，csvファイルを格納したい場所を表示させます。そして，好みのファイル名を指定して［保存］をクリックします。
　また，分析結果を保存するためには，メイン画面上部にある［File］，そして［Save Results］をクリックし，テキストファイルを格納したい場所を表示させ，好みのファイル名を指定して［保存］をクリックします。
　また，［File］から［Print Results］に進むと，結果を印刷することができ

4.8 結果の報告：結果の書き方・読み方

　fsQCAによって分析を行った場合の論文の書き方・読み方は，csQCAの場合と大きく異なるわけではありません。基本的には第2章2.8節を参照してください。当該節の内容に加え，XYプロットを図示することにより，解の整合度や部分集合関係の程度を，より視覚的に訴えることができます（4.6節参照）。

　fsQCAの場合に注意すべきなのは，「方法」節における，属性値のキャリブレーション方法の説明です。客観性と透明性を保つべく，説明を尽くさなければなりません。特に，キャリブレーションの値の間隔を小さくとるような場合はなおさらです。たとえば，0.1刻み（0, 0.1, 0.2, 0.3, …）に値を付与するとした場合，属性値0.2と0.3が，当該条件や結果への帰属という点でどのように異なるのか，説明すべきです。

理解度チェック

- ☐ fsQCAの分析フローが理解できましたか？
- ☐ 真理値表生成における，「各事例の条件構成への割り当て」（属性値の変換）の考え方について，ごくおおざっぱに理解できましたか？
- ☐ fsQCAにおいては1と0以外の属性値をとることができるのに，なぜ真理値表の欄には1と0しかないのか，おおむね理解できましたか？
- ☐ 十分条件分析における「結果あり」の判断の考え方が理解できましたか（特に，PRIの確認）？
- ☐ XYプロットが何を意味するものか，理解できましたか？
- ☐ （分析者が指定したい）条件および結果に対するXYプロットが描画できるようになりましたか？

第 5 章
fsQCAの考え方：
ファジィ集合と分析指標

🔍 ねらい

　前章では，fsQCAによる分析手順をひととおり学びました。csQCAとの共通点の多さに驚かれたのではないでしょうか。fsQCAは，その背景となるファジィ集合の演算等について，ほとんど何も知らなくても「使えてしまう」のです。実際，fsQCAにおける十分条件や必要条件，そしてこれらにおける整合度や被覆度といった指標は，csQCAのときと同じようなものとして使うことが可能です。

　しかしだからといって，これらがどのように考案され，定義されたのか，いつまでも知らないままで済ますのも危ういというものです。自分が何をしているのか，自分が使っている道具がどのような原理で機能しているのか，最低限の知識は必要です。

　そこでこの章では，fsQCAの基礎となるファジィ集合とその演算に関するごく基本的な考え方を紹介します。ファジィ集合やその演算ならびにfsQCAにおける各種指標等の意味を確認してください。

　なお，ファジィ集合の考え方は従来の集合（クリスプ集合）の考え方の拡張です。言い換えれば，ファジィ集合の考え方は，そのままクリスプ集合にも当てはめることができるのです[1]。

1　たとえば数学では，分数の演算の考え方をそのまま整数の演算に当てはめることができます。整数は分数の一種すなわち「整数とは，分母が1であるような特殊な分数」だからです。同様に，クリスプ集合はファジィ集合の一種（特殊なケース）と見ることが可能だからです（とはいっても，このような説明は，数学的な一般化の考え方に慣れていないと，かえって混乱してしまうかもしれません。わからないと思った人はスルーしてください）。

5.1 ファジィ集合[2]

『ジーニアス英和大辞典』(大修館書店) は,「fuzzy」の訳として,以下を示しています。

> ① 〈物質・生地・鳥獣などが〉綿毛[羽毛,にこ毛]のような[で覆われた],毛羽だった,ほぐれた
> ② 〈輪郭・思考・音などが〉ぼやけた,不明瞭な(indistinct),ファジィな
> ③ (数学)〈集合などが〉柔軟性のある;境界があいまいな
> ④,⑤(略)

伝統的な集合論の考え方によれば,ある要素(元)がある集合に含まれるかどうかははっきりしています。それに対してファジィ集合論では,上記③にあるように,曖昧な境界を認める,すなわち,「どちらかといえば,含まれる」や「どちらかといえば,含まれない」といったような状況を考えます。「高品質である」と「高品質でない」の間に,「どちらかといえば,高品質である」や「どちらかといえば,高品質でない」といった状態も考えるわけです。

なお,ファジィ集合の考え方は,1965年,アゼルバイジャン生まれの数学者,ロトフィ・ザデーによって提唱されました。その後,ファジィ集合やこれに基づくファジィ論理の考え方は,「ファジィ制御」としてシステム制御にも応用されるようになりました[3]。このファジィ集合およびファジィ論理の考え方をQCAに応用したものが,fsQCAです。

---

[2] ファジィ集合とファジィ論理は,表裏一体ではあるものの,本来,概念としては別物です。しかしここではこれらの表現を厳密に区別せず,原則として「ファジィ集合」で統一しています。厳密に区分するとかえってややこしくなるのと,QCAの世界においても,「ファジィ論理QCA」ではなく「ファジィ集合QCA」の名称を使用しているからです。

[3] ファジィ制御の応用例として,ある世代以上の方にとって懐かしい,松下電器産業(現,パナソニック)のファジィ洗濯機などのファジィ家電があります。なお,ザデー氏は,何度か松下電器産業を訪問され,ファジィ理論の応用の現場を目にされていたようです(藤原ほか,2018)

5.2 属性値

　クリスプ集合においては，ある要素（元）がある集合に含まれるか否かを考え，含まれる場合には値「1」を，含まれない場合は値「0」を割り当てていました（図表5.1，第1列）。たとえば，ある高校において野球部員の集合を考えたとき，野球部員には「1」，野球部員ではない生徒には「0」というふうにです。野球部員かどうかは，入部届提出の有無によって明確に判断することができます。

　一方，商品がヒットしたか否かといったことがらを考える場合はどうでしょうか。クリスプ集合QCAで分析を行う場合，ある商品がヒットしたか否かについて，「Yes／あり」か「No／なし」かを判断しなければなりません。しかし時にはそれが困難な場合もあるでしょう。そこでファジィ集合QCAでは，「ヒット」と「ヒットでない」の間に，「どちらかといえば，ヒット」や「どちらかといえばヒットでない」といった，ややあいまいな状態を考えることを認めます。

　こうして，ファジィ集合では，0と1の間に，「どちらかといえば，なし」や「どちらかといえば，あり」といった状態を想定し，それぞれに「0.33」（＝1／3）や「0.67」（＝2／3）といった値を割り当てます（図表5.1，第2列）。また，その間隔をより細かく設定することも可能です。第3列は，「完全に当てはまらない」（＝0）と「完全に当てはまる」（＝1）の間に4段階を設け，計6値とした例です。さらに第4列のように，0と1の間の連続的な数値をとる形にすることも可能です。

　ただし，0.5という値を割り当てることはできません。属性値0.5とは「当てはまるのか当てはまらないのかどちらともいえない」という状態です。そのような事例はこの先の分析にも使うことができません。属性値0.5は「最大曖昧点」（point of maximum ambiguity）あるいはクロスオーバーポイント（crossover point）とよばれ，キャリブレーションの基準として各事例への属性値付与の際に参照されますが，個別事例の条件や結果に対して属性値0.5を割り当てることは行わないのです。

図表5.1 | 属性値の例（図表4.2と同じ）

クリスプ集合	ファジィ集合（4値）	ファジィ集合（6値）	ファジイ集合（連続値）
0：当てはまらない	0：完全に当てはまらない	0：完全に当てはまらない	0：完全に当てはまらない
		0.2：完全ではないが，どちらかというと当てはまらない	
	0.33：どちらかというと当てはまらない		0…属性値…0.5
		0.4：どちらかというと当てはまらない	
			—0.5：最大曖昧点*— （クロスオーバーポイント）
		0.6：どちらかというと当てはまる	
	0.67：どちらかというと当てはまる		0.5…属性値…1
		0.8：完全ではないが，どちらかというと当てはまる	
1：当てはまる	1：完全に当てはまる	1：完全に当てはまる	1：完全に当てはまる

*属性値0.5を，事例の条件や結果に対して割り当てることはしない（本文参照）。

　これらの値のことを**属性値**（membership score）とよびます[4]。ある要素（元）が，ある集合のメンバーである程度を数字で表すというような意味です。たとえば，ある商品が「ヒット商品」集合のメンバーとして認められる程度を，0と1の間の数で示そうというものです。

　クリスプ集合において「なし」を0，「あり」を1としたこれらの数値も，属性値の一種です。このような見方をすれば，やや抽象的（数学的）な表現になりますが，「クリスプ集合はファジィ集合の一種である」といえます。逆向きに表現すれば，「ファジィ集合はクリスプ集合を一般化したもの」ということもできます。なので，これから説明するファジィ集合の演算は，クリスプ集合の演算を拡張して考案されたものであり，同じ演算方法がクリスプ集合でも

---

[4] 「メンバーシップスコア」や「メンバーシップ値」，「成員スコア」，「帰属値」とよぶこともあります。「その集合に属している程度」というのが本来の意味です。しかし本書では単純に，「その属性を持つ程度」という意味をこめて，「属性値」とよんでいます。

成り立ちます。

5.3 準備：クリスプ集合の演算

さっそくファジィ集合の演算の説明に入りたいところですが，その前に，クリスプ集合の演算を，属性値の計算という形で捉えなおしてみたいと思います。ここでの計算のロジック（考え方）の拡張がファジィ集合の演算の基盤になるからです。

まず，条件P「あり」を「1」，同「なし」を「0」と書きます（図表5.2）。この点はこれまでやってきたとおりです。

図表5.2｜属性値（クリスプ集合）

	P
条件Pあり →	1
条件Pなし →	0

本節では以下，クリスプ集合の場合の条件の「否定」（NOT），「積」（かつ：AND）および「和」（または：OR）の属性値について考えます。また，十分条件や必要条件を，属性値の演算という形で捉えなおします。

5.3.1 クリスプ集合における「否定」

ある要素（QCAでいうところの「事例」）について，これが条件Pありとします。このとき当該要素は，Pの否定（~P）という条件「なし」（~Pに当てはまらない）ということになります。たとえば，A君が野球部員のとき，「野球部員でない」（~野球部員）という条件について，A君は「なし」（あてはまらない）ということになります。一方，ある要素がPに当てはまらないなら，これは~Pという条件「あり」ということになります。これらをまとめると，図表5.3のようになります。

図表5.3 | 「否定」(NOT) の属性値 (クリスプ集合)

	P	~P	
条件Pあり →	1	0	← 条件~Pなし
条件Pなし →	0	1	← 条件~Pあり

5.3.2 クリスプ集合における「積」(論理積)

次は複数の条件の組合せです。最初に、複数の条件のAND（かつ）を、属性値で考えてみましょう。条件のANDを、**論理積**とよび、ここでは「*」の記号で表しています（図表5.4）。

図表5.4 | 「積」(AND：かつ) の属性値 (クリスプ集合)

P	Q	P*Q
1	1	1
1	0	0
0	1	0
0	0	0

たとえば表の第2行の場合、PありでもQなしなら、「PかつQ」には該当しない（なし）なので、P*Qの属性値は0になります。P*Qが「あり」(1) となるのは、P、Qともに「あり」(1) の場合すなわち第1行だけです。

5.3.3 クリスプ集合における「和」(論理和)

同様に、複数の条件のOR（または）を、属性値で考えてみましょう。条件のORを、**論理和**とよび、ここでは「+」の記号で表しています（図表5.5）[5]。

PまたはQのいずれかが「あり」(1) であればP+Q（PまたはQ）は「あり」(1) となります。P+Qが「なし」(0) となるのは、PとQがともに0である第4行だけです。

図表5.5 |「和」（OR：または）の属性値（クリスプ集合）

P	Q	P+Q
1	1	1
1	0	1
0	1	1
0	0	0

5.3.4 クリスプ集合における十分条件

次に，十分条件を示す命題（PならばQ）を，属性値の形で考えてみます。少し抽象的になりますが，がんばってください[6]。

次の文を考えてみてください。A君は恋愛コンサルタントから以下のアドバイスを（有償で）受けました。

命題：B子さんに港で告白せよ（そうすれば，必ずOKしてもらえるだろう）。

港で告白することが，OKをもらうことの十分条件だというアドバイスです。

次のような結果となった場合，上記命題（アドバイス）は真（正しい）でしょうか，それとも偽（誤っている）でしょうか。すなわち，「港での告白」がOKしてもらうための十分条件となっているといえるでしょうか。

① A君はB子さんに港で告白した。そうしたら，OKしてもらえた。

---

[5] ここでは「AND」（かつ）を「*」（アスタリスク）で，「OR」（または）を「+」で表しました。論理学では，それぞれ「∧」と「∨」の記号で表します。また，数学（集合論）では「∩」と「∪」を使います。ある2つの条件AとBについて，これらを満たす要素の数を考えてみましょう。両方すなわちA∧Bを満たす要素（AND）の数よりも，少なくとも一方すなわちA∨Bを満たす要素（OR）のほうが多くなります。上からモノが落ちてきたとき，「∧」で受けるよりも口が上に開いた「∨」で受けるほうがたくさん入る，ということから，「上に開いている「∨」がORの記号」と覚えるとよいでしょう。このように，「∧」，「∨」，「∩」，「∪」は便利なのですが，「*」や「+」がソフトウェア等で用いられるのは，コンピュータとの相性のよさに起因しているのでしょう。Pの否定を表すのに，Ā（Aに上線）ではなく「~A」を用いるのも，同様の理由と思われます。

[6] このあたりの説明は，数学や論理学に慣れていない方には違和感があるかもしれず，最適な説明を考えるのに苦労した箇所ではあります。以下の説明は，野矢（2020）の説明を参考にさせていただきました。

②　A君はB子さんに港で告白した。しかし，OKしてもらえなかった。
③　A君はB子さんにアパートで告白した（港で告白しなかった）。それでも，OKしてもらえた。
④　A君はB子さんにアパートで告白した（港で告白しなかった）。そうしたら，OKしてもらえなかった。

①の場合，命題が正しい（真である）という点に異論はないでしょう。②の場合，「港で告白」という条件を満たしているのに，OKという結果にならなかったわけですから，この命題は正しくない（偽である）といってよいでしょう。コンサルタントに対するクレームの対象となるかもしれません[7]。

③と④は，①や②と比べてやや話が複雑です。命題（アドバイス）はあくまで，港で告白した場合についてしか述べていないからです。この前提（港で告白）が満たされない場合の結果（OKしてもらえるかどうか）については何も語っていないのです。コンサルタントからみれば，「こっちは港で告白しろとアドバイスしてるのに，それ以外の場所で告白した場合にどうなるかなんて，知ったこっちゃない」というわけです。

なので，③，④いずれの結果となっても，コンサルタントの責任を問うことはできません。やや強引ですが，上記命題（アドバイス）は真（正しい）といえます。少なくとも論理学ではそう考えることにしています。条件が満たされない場合，結果がどうなろうと，（十分条件を表す）命題全体は真とみなすのです。

これらの結果をまとめると，図表5.6のようになります。ここで最右列「港で告白→OK」（港で告白したなら，OKしてもらえる）は，命題全体が真（1）と

図表5.6｜十分条件を示す命題の属性値（告白場所と結果）

	港で告白	OK	港で告白→OK
①	1	1	1
②	1	0	0
③	0	1	1
④	0	0	1

7　これがコンサルタントでなく友人のアドバイスであった場合，友人にクレームをつけると，友人をなくしかねません。あくまで自己責任で告白してください。

なるか偽（0）となるかを示しています。

この関係は，告白場所とその告白がOKされるか否かの話に限りません。「ウナギと梅干しを同時に食べると，必ずおなかを壊す」，「阪神が負けると，A先生は必ず機嫌を損ねる」など，十分条件を表すさまざまな命題に当てはまります。

というわけで，文の中身を取り去って，条件と結果，そして命題の真偽（1/0）だけを取り出すと，図表5.7ができあがります。構造は図表5.6と全く同じです。

図表5.7｜十分条件を示す命題の属性値（クリスプ集合）

P（条件）	Q（結果）	P ならば必ず Q（十分条件）
1	1	1
1	0	0
0	1	1
0	0	1

5.3.5　クリスプ集合における必要条件

次に，必要条件（QであるためにはPず必P）を，属性値の形で考えてみます。

A君が港に向かう頃，C君は別の恋愛コンサルタントから以下のアドバイスを受けました。

> 命題：D子さんに告白OKしてもらうために，まずは指輪をプレゼントせよ（さもないと，OKしてもらえないだろう）。

指輪をプレゼントすることが，OKしてもらうことの必要条件だというアドバイスです。ただし，指輪をあげたからといって必ずOKされるとまでは保証していません。

次のような結果となった場合，上記命題（アドバイス）は真（正しい）でしょうか，それとも偽（誤っている）でしょうか。

① C君はD子さんに、指輪をプレゼントしつつ告白した。そうしたらOKしてくれた。
② C君はD子さんに、指輪をプレゼントしつつ告白した。しかし、OKしてくれなかった。
③ C君はD子さんに手ぶらで告白した（指輪をプレゼントしなかった）。それでも、OKしてくれた。
④ C君はD子さんに手ぶらで告白した（指輪をプレゼントしなかった）。そうしたら、OKしてくれなかった。

①の場合、命題が正しい（真である）という点に異論はないでしょう。②の場合、「指輪をプレゼント」という条件を満たしているのに、OKという結果にはなりませんでした。しかし、指輪は十分条件ではなくて単なる必要条件と位置付けられていました。コンサルタントはあくまで「少なくとも指輪が必要」と言ったものの、指輪をあげれば必ずOKしてもらえるとまでは保証していないのです。なのでこの場合、この命題は正しいといえます[8]。

③の場合、結論からいえば、この命題（アドバイス）は偽（正しくない）といえます。コンサルタントは、「OKしてもらうには指輪が不可欠」と助言したのですが、その対偶を取れば、「指輪なしではOKしてもらえない」はずです。なのにOKしてもらえた。この場合C君は指輪代を節約できましたが、コンサルタントに払った報酬はドブに捨てたと同じです。もしかしたらこのコンサルタントは宝石店とグルになっているのかもしれません。

④の場合、この命題は真です。コンサルタントのアドバイスに従わなかったら、やっぱりうまくいかなかった。言わんこっちゃないというわけです。

これらの結果を前項と同じスタイルでまとめると図表5.8のようになります。

また、当然ながらこの関係は、告白時のプレゼントとOKされるか否かの話に限りません。必要条件を表すさまざまな命題に当てはまります。というわけで、文の中身を取り去って、条件と結果、そして命題の真偽（1/0）だけを取り出すと、図表5.9ができあがります。

---

[8] この状況でコンサルタントにクレームを付けたら、「ちゃんと論理学を勉強してください」あるいは「きちんと契約書を読んでください」と言い返されるのがオチです。

図表5.8｜必要条件を示す命題の属性値（指輪の有無と結果）

	指輪をプレゼント	OK	OKのためには必ず指輪をプレゼント
①	1	1	1
②	1	0	1
③	0	1	0
④	0	0	1

図表5.9｜必要条件を示す命題の属性値（クリスプ集合）

P（条件）	Q（結果）	Qのためには必ずP（必要条件）
1	1	1
1	0	1
0	1	0
0	0	1

5.3.6　クリスプ集合の演算のまとめ

ここまでで，クリスプ集合の演算において属性値をどう扱うか，考え方が出そろいました。それぞれ，否定（図表5.3），論理積（AND）（図表5.4），論理和（OR）（図表5.5），十分条件（図表5.7），および必要条件（図表5.9）のとおりです。これらをまとめたものが図表5.10です。

図表5.10｜クリスプ集合の演算と属性値

P	Q	~P	P*Q	P+Q	PならばQ（十分条件）	Qのためには必ずP（必要条件）
1	1	0	1	1	1	1
1	0	0	0	1	0	1
0	1	1	0	1	1	0
0	0	1	0	0	1	1

5.4 ファジィ集合における演算

次に，ファジィ集合の演算について考えてみましょう。具体的にはこういうことです（ややこしければ，読み飛ばして各項の内容に進んでください）。

ある要素（QCAでいえば各事例）がファジィ集合に関して属性値を持つとします。クリスプ集合であれば属性値は0（属しない：メンバーでない）か1（属している：メンバーである）かですが，ファジィ集合の場合，0と1の間のその他の属性値もとることができます。そしてまず，その要素が，元の集合の補集合（否定：NOT）に対してどのような属性値をとると考えるのか，その規則を決めます（5.4.1項）[9]。また，複数のファジィ集合に関して，それらの積集合（論理積：AND）や和集合（論理和：OR）に対する属性値の決め方を定義します（5.4.2，5.4.3項）。そして，ファジィ集合における十分条件や必要条件とはどのようなものか，属性値の考え方を使って定義します（5.4.4，5.4.5項）[10]。

「規則を決める」あるいは「定義する」というと大げさかもしれません。ただ内容としては，「クリスプ集合と同じ考え方がそのまま当てはまるように，ファジィ集合の演算ルールを決める」ということにすぎません。

5.4.1 ファジィ集合における「否定」

まずは「否定」です。クリスプ集合の場合は図表5.3のとおりでした。その中で，「否定」（~P）の列に若干の情報を付加したものが図表5.11です。ここでは，~Pの属性値が，Pの属性値を1から差し引いたものになっているとい

---

9 演算を考える場合は，「属性値」とよぶよりもむしろ「メンバーシップ値」や「成員スコア」，帰属値（前掲脚注4参照）とよぶほうが，「集合に属している程度」というニュアンスをより強く感じられる分，しっくりくるかもしれません。たとえば，A君が卓球部の「ゆるい部員」で，卓球部メンバーシップ値（属性値のこと）が0.67の場合に，卓球部の否定である「卓球部員以外の生徒」という集合に対するメンバーシップ値（後述するように，1－0.67＝0.33となる）を考えるというような感じです。
10 たとえばB君が，ワンゲル部の「ややゆるい部員」（属性値＝0.80）であり，同時にサッカー部の「幽霊部員」（属性値＝0.20）であったとしましょう。このとき，「ワンゲル部かつサッカー部」という集合に対するB君の属性値を，0.80と0.20の小さいほうをとって0.20とする，というようなことを考えます。詳しくはこの節でじっくり説明します。

うことを示しています。

図表5.11｜「否定」（NOT）の属性値（クリスプ集合の場合の考え方）

P	~P
1	0 (＝1－1)
0	1 (＝1－0)

すなわち，

　　［~Pに対する属性値］＝1－［Pに対する属性値］

です。

　ある要素がPに属する（Pに対する属性値＝1）ということは，条件~Pからは最も遠い（~Pに対する属性値＝0）ということになります。逆に，Pに属さない（Pに対する属性値＝0）ときには，~Pに属する（~Pに対する属性値＝1）ということができます。

　そして，ファジィ集合では，上式の関係を，0と1の間の任意の属性値に当てはめて考えるのです。中間（0.5）を境に裏返しになるといえばよいでしょうか。

　図表5.12は，4値ファジィ集合について，Pの否定（~P）の属性値がどうなるかを示したものです。中段は，Pの属性値がそれぞれ1，0.67，0.33，0

図表5.12｜「否定」（NOT）の属性値の例（ファジィ集合）

P	~P
1：完全に当てはまる	0（＝1－1）：完全に当てはまらない
0.67：どちらかというと当てはまる	0.33（＝1－0.67）：どちらかというと当てはまらない
0.33：どちらかというと当てはまらない	0.67（＝1－0.33）：どちらかというと当てはまる
0：完全に当てはまらない	1（＝1－0）：完全に当てはまる
p	1－p

の場合に対応する~Pの属性値を示しています。最下段は、これらを含め、Pの属性値がpのときに、~Pの属性値が1－pとなることを示しています。属性値は0以上1以下の値（0.5を除く）をとります。

なお、ここでは図表5.1でいうところの4値のファジィ集合を例にとりますが、6値その他、どのような値であっても計算規則は同じです。

5.4.2 ファジィ集合における「積」（論理積）

次は論理積（AND）です。クリスプ集合の場合は、図表5.4のようになりました。ここで、ちょっと強引かもしれませんが、図表5.13のように、AND（P*Q）の列を、「Pの属性値とQの属性値の小さいほう」と読むことにします。min（a, b）は、「aとbのうち小さいほう」を意味します。

図表5.13 | 「積」（AND：かつ）の属性値（クリスプ集合の場合の考え方）

P	Q	P*Q
0	0	0＝min (0, 0)
1	0	0＝min (1, 0)
0	1	0＝min (0, 1)
1	1	1＝min (1, 1)

すなわち、

　　［P*Qに対する属性値］
　　＝［Pに対する属性値］と［Qに対する属性値］のいずれか小さいほう

です。

この考え方を4値ファジィ集合に当てはめると図表5.14のようになります。

ここでは、2つの集合の積（AND）についての属性値の決定規則について述べましたが、集合の数が3つ以上になっても同じです。すなわち、各集合に対する属性値のうち最も小さなものが、論理積の属性値となります。

図表5.14 |「積」(AND：かつ) の属性値の例 (ファジィ集合)

P	Q	P*Q
0	0	0=min (0, 0)
0	0.33	0=min (0, 0.33)
0	0.67	0=min (0, 0.67)
0	1	0=min (0, 1)
0.33	0	0=min (0.33, 0)
0.33	0.33	0.33=min (0.33, 0.33)
0.33	0.67	0.33=min (0.33, 0.67)
0.33	1	0.33=min (0.33, 1)
0.67	0	0=min (0.67, 0)
0.67	0.33	0.33=min (0.67, 0.33)
0.67	0.67	0.67=min (0.67, 0.67)
0.67	1	0.67=min (0.67, 1)
1	0	0=min (1, 0)
1	0.33	0.33=min (1, 0.33)
1	0.67	0.67=min (1, 0.67)
1	1	1=min (1, 1)
p	q	min (p, q)

5.4.3 ファジィ集合における「和」(論理和)

　論理和 (OR) も，論理積 (AND) と似ています。クリスプ集合においては図表5.5のようになりました。こんどは，OR (P+Q) の列を，「Pの属性値とQの属性値の大きいほう」と読みます (図表5.15)。ここで，max (a, b) は，「aとbのうち大きいほう」を意味します。

図表5.15｜「和」（OR：または）の属性値（クリスプ集合の場合の考え方）

P	Q	P+Q
0	0	0=max (0, 0)
1	0	1=max (1, 0)
0	1	1=max (0, 1)
1	1	1=max (1, 1)

［P＋Qに対する属性値］
＝［Pに対する属性値］と［Qに対する属性値］のいずれか大きいほう

この考え方を4値ファジィ集合に当てはめると図表5.16のようになります。

図表5.16｜「和」（OR：または）の属性値の例（ファジィ集合）

P	Q	P+Q
0	0	0=max (0, 0)
0	0.33	0.33=max (0, 0.33)
0	0.67	0.67=max (0, 0.67)
0	1	1=max (0, 1)
0.33	0	0.33=max (0.33, 0)
0.33	0.33	0.33=max (0.33, 0.33)
0.33	0.67	0.67=max (0.33, 0.67)
0.33	1	1=max (0.33, 1)
0.67	0	0.67=max (0.67, 0)
0.67	0.33	0.67=max (0.67, 0.33)
0.67	0.67	0.67=max (0.67, 0.67)
0.67	1	1=max (0.67, 1)
1	0	1=max (1, 0)
1	0.33	1=max (1, 0.33)
1	0.67	1=max (1, 0.67)
1	1	1=max (1, 1)
p	q	max (p, q)

ここでは，2つの集合の和（OR）についての属性値の決定規則について述べましたが，集合の数が3つ以上になっても同じです。すなわち，各集合に対する属性値のうち最も大きいものが，論理和の属性値となります。

5.4.4 ファジィ集合における十分条件

次に，ファジィ集合の場合の十分条件について考えてみましょう。その前に，少しだけクリスプ集合に話を戻します。図表5.17は，条件Xと結果Yの属性値と，XとYの組合せによる十分条件命題の真偽を示すものです。図表5.7をベースにしていますが，右欄外にXとYに対する属性値の大小関係を示しています。またその上で，大小関係に従い行の順序を入れ替えています。

図表5.17｜属性値と十分条件命題の真偽（クリスプ集合の場合の考え方）

X（条件）	Y（結果）	XならばかならずY （十分条件）		
0	1	1	← X＜Y	
0	0	1	← X＝Y	X≦Y
1	1	1	← X＝Y	
1	0	0	← X＞Y	

さて，ファジィ集合では，上記クリスプ集合の場合を拡張し，XとYの大小関係に基づき十分条件命題の真偽を判定することにします。つまり，やや強引ではありますが，結果の属性値が条件のそれと等しいか大きい（X≦Y）とき，XがYの十分条件になっているとみなすのです[11]。言い換えると，以下の関係が成り立ちます。

　　XがYの十分条件 ⇔ ［Xの属性値］≦［Yの属性値］

---

11 十分条件（そして後述する必要条件）の関係を，属性値の大小に置き換え考えるのがファジィ論理を理解する最大の関門かもしれません。すぐに腹に落ちない人もいるでしょう。しかしここは，かつて，「（−1）×（−1）＝1」が腹に落ちなくても前に進んだように，ぜひしばらく「そういうものだ」とご自身に言い聞かせて先に進んでください。きっといつか，納得できるときが来るでしょう。

これを図示したものが図表5.18です。XがYの十分条件となるのはX≦Yですから，XとYをプロットした点がこの対角線上またはこれより上にある場合，命題が真，すなわち，XがYの十分条件となる関係にあるという状態を示しています。図では，十分条件となる組合せを●，そうならない組合せを△で示しています。網かけについては，ひとまず無視しておいてください。

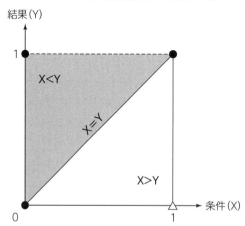

図表5.18｜XYプロット上の属性値と十分条件（クリスプ集合）

そしてこの考え方を，ファジィ集合にも適用しようというわけです。つまり先ほどの，

XがYの十分条件 ⇔ ［Xの属性値］≦ ［Yの属性値］

というアイディアを，より細かいファジィ集合の属性値にも当てはめるわけです。

例として，組織における公平知覚（X）と組織への貢献意志（Y）の関係を取り上げます。組織において公平に処遇されているという感覚（公平知覚）と，組織に対して貢献しようという意志（貢献意志）の関係です。そして，「公平知覚は貢献意志の十分条件である」（公平知覚（X）があれば必ず貢献意志（Y）がある）との命題がどのような場合に真または偽となるかを考えてみます。た

だしここでは，公平知覚と貢献意志それぞれについて，0（完全に当てはまらない），0.33（どちらかというと当てはまらない），0.67（どちらかというと当てはまる），1（完全に当てはまる）の4値ファジィ集合を考えます。大小関係は，X＜Y，X＝Y，X＞Yの3種類が存在しますが，簡略化のため，X≦YとX＞Yに集約して記載します。その結果が図表5.19です。

図表5.19｜属性値と十分条件命題の真偽（ファジィ集合の場合の考え方）

X（公平知覚）	Y（貢献意志）	XとYの大小関係	Xならば必ずY (X≦Y)
0	0	X≦Y	1（真）
0	0.33	X≦Y	1（真）
0	0.67	X≦Y	1（真）
0	1	X≦Y	1（真）
0.33	0	X＞Y	0（偽）
0.33	0.33	X≦Y	1（真）
0.33	0.67	X≦Y	1（真）
0.33	1	X≦Y	1（真）
0.67	0	X＞Y	0（偽）
0.67	0.33	X＞Y	0（偽）
0.67	0.67	X≦Y	1（真）
0.67	1	X≦Y	1（真）
1	0	X＞Y	0（偽）
1	0.33	X＞Y	0（偽）
1	0.67	X＞Y	0（偽）
1	1	X≦Y	1（真）

これを先ほどのクリスプ集合の場合と同様に図示したものが図表5.20です。また，プロット点は4値ファジィ集合の場合ですが，より細かくさらに連続的な属性値を持つようなファジィ集合を考えた場合，X＝Yの対角線上およびそれより上側の三角形（網掛け部分）が，十分条件に整合するXとYの組合せを示す領域になります。

図表5.20 | XYプロット上の属性値と十分条件（ファジィ集合）

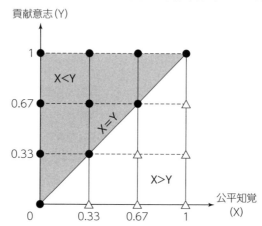

5.4.5　ファジィ集合における必要条件

次は，ファジィ集合の場合の必要条件です。ここでもいったんクリスプ集合の考え方を参照します。図表5.21は，条件Xと結果Yの属性値と，XとYの組合せによる必要条件命題の真偽を示すものです。図表5.9をベースにしたものですが，若干行の順序を入れ替えています。

図表5.21 | 属性値と必要条件命題の真偽（クリスプ集合の場合の考え方）

X（条件）	Y（結果）	Yのためには必ずX (必要条件)		
1	0	1	← X>Y	
1	1	1	← X=Y	X≧Y
0	0	1	← X=Y	
0	1	0	← X<Y	

ここでも，XとYの大小関係を必要条件命題の真偽に関連付けています。すなわち，結果の属性値が条件のそれと等しいか小さい（X≧Y）のとき，XがYの必要条件になっているとみなすのです。言い換えると，以下の関係が成り

立ちます。

　　　XがYの必要条件　⇔　［Xの属性値］≧［Yの属性値］

　これを図示したものが図表5.22です。XがYの必要条件となるのはX≧Y，すなわちプロット点がこの対角線上またはこれより下にあるときです。ここで，必要条件となる組合せを●，そうならない組合せを△で示しています。

　　　図表5.22｜XYプロット上の属性値と必要条件（クリスプ集合）

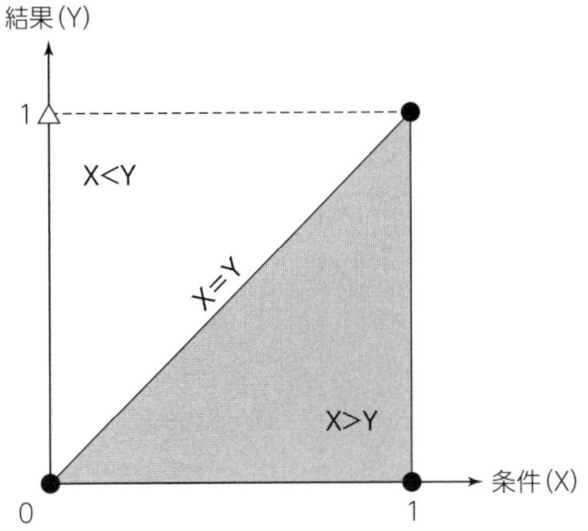

　この考え方を，ファジィ集合にも適用します。つまり先ほどの，

　　　XがYの必要条件　⇔　［Xの属性値］≧［Yの属性値］

というアイディアを，ファジィ集合の属性値にも当てはめます。

　例として，組織における職場満足（X）と組織への貢献意志（Y）の関係を取り上げます。すなわち，「職場満足は貢献意志の必要条件である」，すなわち「貢献意志のためには職場満足が必要」との命題の真偽を，場合ごとに考えます。職場満足（X）と貢献意志（Y）がとる属性値は，0（完全に当てはまらない），0.3（どちらかというと当てはまらない），0.67（どちらかというと当てはまる），1（完全に当てはまる）の4値とします。XとYの大小関係をX≧YとX＜Yに

集約して記載したものが図表5.23です。

図表5.23｜属性値と必要条件命題の真偽（ファジィ集合の場合の考え方）

X（職場満足）	Y（貢献意志）	XとYの大小関係	Xのためには必ずY (X≧Y)
0	0	X≧Y	1（真）
0	0.33	X<Y	0（偽）
0	0.67	X<Y	0（偽）
0	1	X<Y	0（偽）
0.33	0	X≧Y	1（真）
0.33	0.33	X≧Y	1（真）
0.33	0.67	X<Y	0（偽）
0.33	1	X<Y	0（偽）
0.67	0	X≧Y	1（真）
0.67	0.33	X≧Y	1（真）
0.67	0.67	X≧Y	1（真）
0.67	1	X<Y	0（偽）
1	0	X≧Y	1（真）
1	0.33	X≧Y	1（真）
1	0.67	X≧Y	1（真）
1	1	X≧Y	1（真）

これを図示すると図表5.24のようになります。もし，より細かいあるいは連続的な属性値を持つようなファジィ集合を考えた場合，X＝Yの対角線上およびそれより下側の三角形（網掛け部分）が，必要条件に整合するXとYの組合せを示す領域になります。

なお，ある条件がある結果の必要条件であると同時に十分条件であるとき，これを必要十分条件とよびます。たとえば，「報酬満足があるときは必ず貢献意志があり（十分条件），かつ，貢献意志が生じるためには報酬満足が必要（必要条件）」という場合，報酬満足は貢献意志の必要十分条件です。

図表5.24｜XYプロット上の属性値と必要条件（ファジィ集合）

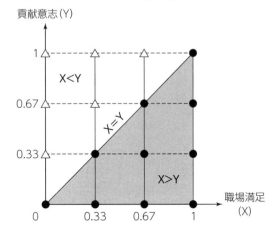

ところで，条件と結果をプロットした図において，十分条件の領域は対角線上またはそれより上側（図表5.20の網かけ部分），必要条件の領域は対角線上またはそれより下側（図表5.24の網かけ部分）でした。これらを統合すると，対角線直上こそが，必要十分条件を示す領域になります[12]。

5.4.6　ファジィ集合の演算のまとめ

本節では，ファジィ集合の属性値の演算を，クリスプ集合の考え方を拡張（応用）する形で考えてきました。これらすべてをまとめたものが図表5.25です。fsQCAは，このようなファジィ集合における演算の考え方の上に成り立っています。なお，条件（P）と結果（Q）それぞれの属性値（pとq）が0および1の場合の計算例も付記しました。これらの値がクリスプ集合の場合と一致していることを確かめてみてください。

12　一直線（対角線）上にプロットが並ぶという意味では，線形回帰は，変数間における必要十分条件的な関係の検討を志向するということができるかもしれません（きわめて乱暴な言い方ですが）。

図表5.25 | クリスプ集合とファジィ集合の属性値と演算（まとめ）

条件	P	Q	~P	P*Q	P+Q	Pならば必ずQ （十分条件）	Qのためには必ずP （必要条件）
属性値	p	q	1−p	min(p, q)	max(p, q)	1 (p≦qのとき) 0 (p>qのとき)	1 (p≧qのとき) 0 (p<qのとき)
数値例	1	1	0	1	1	1	1
	1	0	0	0	1	0	1
	0	1	1	0	1	1	0
	0	0	1	0	0	1	1

5.5　fsQCAの分析結果指標：整合度・被覆度・その他

　実際の研究において組織メンバーの公平知覚（X）と貢献意志（Y）を測定し，その測定結果（XとYの観測値）のプロットがすべてXYプロットの対角線（直線Y＝X）上またはその上側に位置したなら，このとき，公平知覚は貢献意志の十分条件として申し分ないといえます。この場合，整合度は1となります。

　しかし現実にはそうならず，公平知覚が1なのに貢献意志が0.67というメンバーがいたりします。このような「外れ値」はどの程度許容されるのか，あるいは言い方を換えれば，この場合，どの程度，公平知覚が貢献意志の十分条件となっているかを考える必要が出てきます。このとき登場するのが，クリスプ集合QCA（csQCA）において検討した整合度です。

　整合度，そして被覆度は，ファジィ集合QCA（fsQCA）による十分条件分析に関しても，csQCAのときの考え方を拡張するような形で定義されていて，分析に利用されます。また，fsQCAによる必要条件分析においても，整合度や被覆度を計算し，分析の妥当性や解の説明力を評価することができます。

　本節では，整合度，被覆度等，fsQCAにおいて用いられる各種評価指標について説明します。

5.5.1　fsQCAにおける十分条件の整合度

公平知覚（X）と貢献意志（Y）に関して，4値で測定したデータ（架空）を考え，「公平知覚（X）があれば，必ず貢献意志（Y）が生じる」という十分条件分析を考えてみましょう（図表5.26）。最右列（min（X, Y））や最下行（合計）の意味については後で説明します。

図表5.26｜公平知覚と貢献意志（架空例）

ID	X（公平知覚）	Y（貢献意志）	min（X, Y）
a	0	0	0
b	0	0.33	0
c	0	0.67	0
d	0	0.67	0
e	0	1	0
f	0.33	0	0
g	0.33	0	0
h	0.33	0.67	0.33
i	0.33	0.67	0.33
j	0.33	0.67	0.33
k	0.33	1	0.33
l	0.67	0.33	0.33
m	0.67	0.67	0.67
n	0.67	1	0.67
o	0.67	1	0.67
p	0.67	1	0.67
q	1	0	0
r	1	1	1
s	1	1	1
t	1	1	1
合計	9.33	12.68	7.33

これをプロットしたものが図表5.27です。

図表5.27｜公平知覚と貢献意志（fsQCAにおける十分条件の整合度の説明）

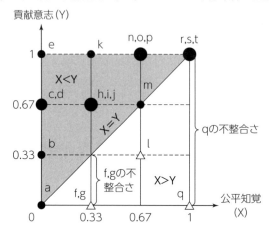

　各点は，観測事例数に応じて大きさを変えてあります。事例のうち対角線（直線X＝Y）上とその上側が X≦Y となる領域であり，「XならばY」という十分条件に整合した16の観測事例は，この領域に含まれています（●で表記）。この対角線より下側はX＞Yとなる領域であり，この領域に含まれる4事例（△）は，上記十分条件に整合しない事例です。

　この分析の整合度をどのように考えればよいでしょうか。たとえば，csQCAのときのように，事例全体のうちの整合事例の割合を求めてこれを整合度とする考え方も成り立ちます。この考えによれば，整合度は，16/20＝0.80となります。

　しかしこれには若干の問題点があります。本来，事例（のプロット位置）によって「不整合さ」が異なるのですが，この「整合事例の割合」に基づく整合度では，その不整合さの差が考慮されていないのです。

　たとえば，事例qとfおよびgを比較してみましょう。qは公平知覚（X）が1（完全に当てはまる）のに貢献意志（Y）が0（完全に当てはまらない）です。一方，fやgについてみると，貢献意志（Y）が0（完全に当てはまらない）という点でqと同じですが，公平知覚（X）は0.33（どちらかというと当てはまらない）で，「完全に当てはまらない」に近いといえます。このqとfおよびgの不整合さを同じとみるのは不自然だというわけです。

そこで，整合と不整合の境界である対角線X＝Yからの距離（厳密には，幾何学的な距離ではなく，この対角線からY軸に平行に事例の点までのばした線分の長さ）によって，「不整合さ」を測ることとします。つまり，fおよびgよりqのほうが対角線から3倍離れているので，3倍不整合だと考えるわけです。そして，この線の長さが0（対角線上）の事例や対角線より上側にある事例は不整合なし，つまり整合していると考えます。そして，その整合の度合いを足し合わせ，全体で割って最小0，最大1となるように調整したものが，fsQCAにおける十分条件の整合度です。これは次式で表されます。

$$十分条件の整合度 = \frac{\Sigma \min(X_i, Y_i)}{\Sigma X_i}$$

$$= \frac{(対角線上または対角線より上にある点のXの総和) + (対角線より下にある点のYの総和)}{Xの総和}$$

(5.1)

なお，この章において，iは事例を示す添え字（事例番号）とします。

図表5.26のデータの場合，

$$整合度 = \frac{\min(X, Y)の総和}{Xの総和} = \frac{7.33}{9.33} = 0.79$$

となります。これは，先ほど整合事例の割合から求めた整合度（0.80）とわずかに異なります。

ちなみに，対角線より上においてはX≦Yなのでつねにmin(X, Y)＝Xになります。よって，事例を示す点がすべて対角線より上にある，すなわち全事例が整合している場合，上記式の分子と分母が等しくなり，整合度＝1となります。

ところで，上記の考え方が，先に説明したcsQCAの場合の十分条件の整合度の考え方とずいぶん違うなぁと思われたのではないでしょうか。

しかし実のところ，上記公式は，csQCAの場合の整合度の考え方の拡張になっています。すなわち，クリスプ集合を属性値が0または1しかとらない特

殊なファジィ集合とみなし，上記の整合度の公式を当てはめると，先に説明したクリスプ集合QCAのための計算方法（第3章3.2.1項）で求めた整合度と同じ値になるのです（コラム「fsQCAの整合度とcsQCAの整合度の関係」（164ページ）参照）。

この点を確かめてみましょう。図表5.28は，公平知覚（X）と貢献意志（Y）を，先ほどと異なり2値で観測したデータ（架空）です。プロット図は図表5.29のとおりです。このデータに，先ほどのfsQCAの整合度の公式を当てはめてみましょう。

図表5.28 | 公平知覚と貢献意志（別の架空例：クリスプ集合）

ID	X（公平知覚）	Y（貢献意志）	min (X, Y)
a	0	0	0
b	0	0	0
c	0	0	0
d	0	0	0
e	0	0	0
f	1	0	0
g	1	0	0
h	0	1	0
i	0	1	0
j	0	1	0
k	0	1	0
l	0	1	0
m	0	1	0
n	0	1	0
o	1	1	1
p	1	1	1
q	1	1	1
r	1	1	1
s	1	1	1
t	1	1	1
合計	8	13	6

図表5.29｜公平知覚と貢献意志のXYプロット（クリスプ集合）

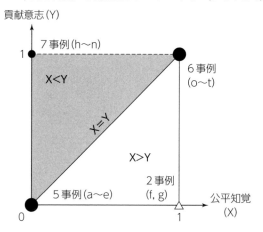

すると，

$$整合度 = \frac{\min(X, Y)\text{ の総和}}{X\text{の総和}} = \frac{6}{8} = 0.75$$

となります。

一方，ベン図（**図表5.30**）をみながら，第3章（3.2.1項）で学んだ方法（csQCAとしての整合度）で計算すると，

$$整合度 = \frac{当該条件を満たし，かつ，結果が生じている事例の数}{当該条件を満たしている事例の数} \quad (3.3と同じ)$$

$$= \frac{6}{(2+6)} = 0.75$$

となり，先に，fsQCAの場合の公式により求めたものと同じ整合度（0.75）が得られます。

図表5.30 | 十分条件の整合度・被覆度（クリスプ集合）

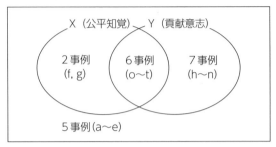

N＝20

csQCAとしての整合度＝6/(2+6)＝0.75
csQCAとしての被覆度＝6/(6+7)＝0.46

コラム

fsQCAの整合度とcsQCAの整合度の関係

　csQCAのデータをfsQCAの十分条件の整合度の公式に当てはめると，csQCAの十分条件の整合度の公式による値（事例数の比で求めた値）と同じ値が得られます（以下，十分条件分析に関しての話です）。

　これは，属性値（XやY）が0か1しかとらない場合，fsQCAの整合度の公式が，csQCAの場合の整合度の公式と一致するためです。

　csQCAの整合度の公式の分子は，「条件と結果双方を満たしている事例の数」，つまりベン図でXとYの交わり領域にある事例の数でした。ところで，csQCAにおいて，X*Yの値は，条件XとYがともに満たされる場合に，そしてその場合にのみ1をとります。いずれかを満たさないすなわちXまたはYいずれかが0の場合，X*Yは0となります。なので，このX*Yを全事例について合計したものこそが，XとYをともに満たした事例数となります。一方，Xを満たした事例数は，各事例のXの値（0 or 1）を合算したものと等しくなります。ゆえに，以下の公式が成り立ちます。

$$十分条件の整合度 = \frac{当該条件を満たし，かつ，結果が生じている事例の数}{当該条件を満たしている事例の数}$$

$$= \frac{\Sigma (X_i * Y_i)}{\Sigma X_i}$$

ところで、fsQCAの整合度の公式の分子にあったmin（X, Y）に戻りましょう。この式をcsQCAに当てはめる、つまりXとYが0か1しかとらないとき、

$$\min(X_i, Y_i)$$
$$= X_i * Y_i$$
$$= 0 \text{（}X_i\text{か}Y_i\text{のいずれかが0の場合）or}$$
$$\quad 1 \text{（}X_i, Y_i\text{ともに1の場合）}$$

となります。

fsQCAの整合度の公式において、分子はこれらを足し合わせたもの、すなわち$\Sigma \min(X_i, Y_i)$です。そして分母は、csQCA, fsQCAともΣX_iです。このように、X_iとY_iが0か1しかとらない場合すなわちcsQCAにおいては、2つの整合度の公式が同じものになるのです。

5.5.2 fsQCAにおける不整合減少率（PRI）[13]

QCAによる分析の適切さを検討する上で、前述の整合度の確認は非常に重要です。しかしfsQCAの場合、データによっては、整合度が十分高いにもかかわらず困った状況に陥ることがあります。それは、「ある条件（X）が、ある結果（Y）とその否定（~Y）の双方の十分条件になる」という結果が生じうるというものです[14]。

図表5.31は、aからtまでの20名についての、報酬満足（X）と貢献意志（Y）の関係のデータ（架空）を示しています。また、Yのすぐ右は、Yの否定である~Y（NOT貢献意志）の属性値です。この値は~Y＝1－Yとして計算されます。また、整合度の計算に用いられるmin（X, Y）に加え、最右列には、min（X, Y, ~Y）すなわちX、Yおよび~Yのうち最も小さいものが示されてい

---

13 十分条件分析におけるPRIの活用については、第4章4.5.2項および第6章「実践のためのQ&A」[Q17]（192ページ）も参照してください。
14 このとき、集合（X）は、集合（Y）とその補集合（~Y）の双方の部分集合となっています。このため、このような状況は、同時部分集合関係（simultaneous subset relation）とよばれます。

ます。

図表5.31 | 報酬満足と貢献意志（架空例）

ID	X (報酬満足)	Y (貢献意志)	~Y (NOT貢献意志)	min(X, Y)	min(X, ~Y)	min(X, Y, ~Y)
a	0	0.33	0.67	0	0	0
b	0	0.33	0.67	0	0	0
c	0	0.33	0.67	0	0	0
d	0	0.67	0.33	0	0	0
e	0	0.67	0.33	0	0	0
f	0	0.67	0.33	0	0	0
g	0	0.67	0.33	0	0	0
h	0	1	0	0	0	0
i	0	1	0	0	0	0
j	0.33	0.33	0.67	0.33	0.33	0.33
k	0.33	0.33	0.67	0.33	0.33	0.33
l	0.33	0.33	0.67	0.33	0.33	0.33
m	0.33	0.67	0.33	0.33	0.33	0.33
n	0.33	0.67	0.33	0.33	0.33	0.33
o	0.33	0.67	0.33	0.33	0.33	0.33
p	0.33	0.67	0.33	0.33	0.33	0.33
q	0.33	0.67	0.33	0.33	0.33	0.33
r	0.33	1	0	0.33	0	0
s	0.67	0.33	0.67	0.33	0.67	0.33
t	0.67	0.67	0.33	0.67	0.33	0.33
合計	4.31	12.01	7.99	3.97	3.64	3.30

このデータに基づき，報酬満足（X）を条件，貢献意志（Y）を結果としてプロットしたものが図表5.32(a)，です。また，NOT貢献意志（~Y）を結果としてプロットしたものが同(b)です。

両者を比較してみましょう。(a)では，事例s以外のすべての事例が，貢献意志（Y）ありに対する整合事例になっています。一方，NOT貢献意志に対する分析(b)についても，rとt以外の事例は整合事例です。個別事例でいえば，

**図表5.32 | 報酬満足と貢献意志（およびNOT貢献意志）
(架空例のXYプロット)**

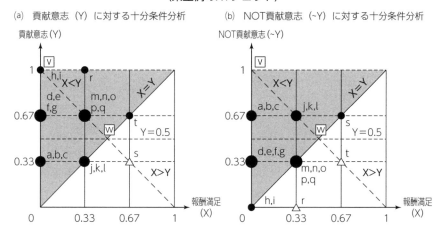

事例 r と t が整合から不整合に，事例 s が不整合から整合に変わっただけです（これらの事例はプロットのシンボルも変わっています）。

貢献意志（Y）に対する十分条件分析を行うと，報酬満足（X）は十分条件となり，その整合度を前述の式（5.1）に基づき計算すると，

$$\frac{\sum \min(X_i, Y_i)}{\sum X_i} = \frac{3.97}{4.31} = 0.92 (0.9211\cdots)$$

と，高い整合度が得られます。

一方，NOT貢献意志（~Y）に対する十分条件分析を行っても報酬満足（X）はその十分条件となります。同様にその整合度を計算すると，

$$\frac{\sum \min(X_i, \sim Y_i)}{\sum X_i} = \frac{3.64}{4.31} = 0.84 (0.8445\cdots)$$

となります。これも十分に高い値です。これを，貢献意志（Y）を結果とした先ほどの分析結果と総合すると，「報酬満足が，貢献意志にも，その否定にもつながる」という矛盾した主張になります。このような場合，いくら整合度が高いからといって，報酬満足を貢献意志の十分条件として認めるわけにはいき

ません。もちろん，NOT貢献意志の十分条件としても適切とはいえないでしょう。

なお，このようにある条件が結果とその否定の双方の十分条件になる状況は，Xの値が小さい事例が多い場合に生じます。特に，観測事例が対角線（Y＝X）ともう1つの（破線で描いた）対角線（Y＝1－X）で挟まれる三角形（原点，点Vおよび点Wを結んだ三角形）の領域にプロットされる場合，その傾向が顕著になります。

ある条件（X）の値について，これに結果（Y）あるいは否定（~Y）を組み合わせたプロット点は，直線Y＝0.5に対して上下対称に位置します。たとえば，図表5.32(a)の点a（0, 0.33）は，同(b)において座標（0, 0.67）に移ります。先ほどの三角形の範囲にある各事例はY≧Xなので整合事例であり，Y＝0.5の直線に対して反転させてもあいかわらずY≧Xの領域にあり，整合事例になってしまうのです。

このように，ある結果に対する十分条件が，その結果の否定に対しても十分条件になってしまうという不具合を生じさせないための方法の1つが，Xの値が大きい事例も含め広く偏りなくサンプリングすることなのです（Mello, 2021/2023）。

とはいえ，収集したデータを所与のものとして，これに基づく十分条件分析が，このように矛盾したものでないことを確かめる必要も生じます。そのための指標が不整合減少率（PRI：proportional reduction in inconsistency）です。PRIは次式で表されます[15]。

$$\mathrm{PRI} = \frac{\Sigma \min(X_i, Y_i) - \Sigma \min(X_i, Y_i, \sim Y_i)}{\Sigma X_i - \Sigma \min(X_i, Y_i, \sim Y_i)} \tag{5.2}$$

先に示した十分条件の整合度の公式と比較すると，当該公式の分子と分母の双方から$\Sigma \min(X_i, Y_i, \sim Y_i)$を減じた形となっています。これは，整合度の計算から，ある結果（Y）とその否定（~Y）の双方が成り立つ部分を除いたもの

---

[15] csQCAにおいてPRIを計算した場合，Y，~Yのいずれかが0となるため，PRIの公式（式5.2）の分子と分母にあるmin（X, Y, ~Y）が0となります。その結果，この公式は整合度の式と同じになり，PRIと整合度は常に等しくなります。

です（森，2008）[16]。そして，PRIが大きいということは，このような矛盾を除去した上でなお，整合度が高いことを意味します。

上記データの場合，Yを結果とした分析に対するPRIは0.66（0.6633…），~Yを結果とした分析に対するPRIは0.34（0.3366…）となりました。この結果から解釈すれば，報酬満足は，しいていえばNOT貢献意志ではなく貢献意志の十分条件とみるのが妥当ということになります。

なおこんにちでは，十分条件分析中，各条件構成の「結果あり」の判断において，素整合度や該当事例数に加え，PRIも考慮されるようになりました。すなわち，「十分条件とみなすには，一定以上のPRIが必要」と考え，これを満たさない条件構成については，「結果なし」と判断するのです。第4章4.5.2項（114ページ）においても，このような「PRI基準」を当てはめて「結果あり」の判断を行いました。その際の最小PRI基準としては，0.7（たとえば，Fainshmidt et al., 2020；Greckhamer et al., 2018），0.6（たとえば，Cannaerts et al., 2020）などが適用されます。

fs/QCAソフトウェアにおいて，PRIは，「Edit Truth Table」ウィンドウに示される真理値表の各条件構成に対するPRI整合度（PRI consistency）として表示されます（図表4.6（112ページ）参照：ただし画面上では［PRI consist.］として略記）。また，PRI consistencyの右には，その対称（symmetric）バージョン（Ragin, 2017）であるSYM consistency（symmetric consistency）も表示されます（画面上では［SYM consist.］として略記）。

第4章で分析したデータでも，PRIが低く，ある結果の十分条件であると同時にその結果の否定（不存在）の十分条件にもなっているような条件構成が存在します。詳しくは，コラム「PRIについての補足」（118ページ）を参照してください。

5.5.3 fsQCAにおける十分条件の被覆度

fsQCAにおいても，十分条件の被覆度は，その考え方として「結果が生じた全事例のうち，与えられた原因条件（条件構成）のもとでその事例が生じた割

---

16 ここでのPRIの説明は，チャールズ・レイガン先生から森大輔先生へのご教示（森，2008）に基づいています。

合」あるいは「結果が生じた全事例のうち,与えられた条件構成以外の因果パスによってその事例が生じたものを除いたものの割合」を表そうというものです。

ただ,fsQCAの場合,話はcsQCAのときほど単純ではありません。csQCAの場合を,図表5.33(図表3.4(b)と同じ)をみながら復習してみましょう。原因条件をX,結果をYとしたとき,「Xが生じ,Yも生じている」(X*Y)のは,XとYそれぞれの範囲の交わり部分(ここでは16事例),「Xは生じていないが,Yは生じている」(~X*Y)のはXの範囲の外側かつYの範囲の内側(24事例)でした。このように,範囲が明確に認識できたわけです。

図表5.33 | csQCAの場合の十分条件の整合度・被覆度
(図表3.4(b)と同じ)

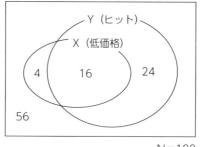

N=100
整合度=16/(16+4)=0.80
被覆度=16/(16+24)=0.40

しかし,fsQCAではこのように明確なベン図を描くことはできません。少し工夫が必要ですが,fsQCAの十分条件の被覆度を,図表5.34(図表5.27と同様,図表5.26のデータをプロットしたもの)を見ながら考えてみましょう。

図表5.33のようなベン図において,Xではないすなわち「~X」を表す領域は,Xの範囲の外側でした。一方,図表5.34のようなXYプロットは,各点(事例)の,XとYに対する属性値を示すものです。ここでたとえば「完全にXに当てはまらない」とはX=0のことを指し,プロット上ではY軸上がこれに当てはまります。つまり,ベン図におけるXの範囲の外側=XYプロットにおけるY

図表5.34 | 公平知覚と貢献意志
(fsQCAにおける十分条件の被覆度の説明)

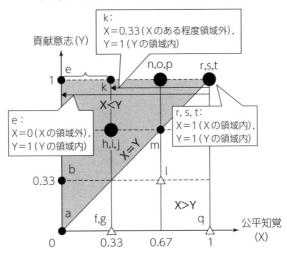

軸ということになります。csQCAであれば，XYプロットにおいて事例はX＝0（Y軸上）とX＝1の直線上にしか存在しないので，比較的イメージしやすいと思います（図表5.29参照）。

XYプロットにおいては，X，Yとも，値が1に近いほどその集合のメンバー性が強い，すなわち，ベン図でいう領域の内側ということになります。逆に，1から遠いすなわち0に近いほど，その集合のメンバーでない，すなわちベン図でいう領域の外側ということができます。

図表5.34中の点e，k，rを比較してみましょう。Yの値はすべて1なので，ベン図でいえばいずれもYの領域の内側です。しかしXに関してこれらの点は異なる値を持っています。いちばん右のrはX＝1なので，Xの領域の内側です。Y＝1でもあるので，ベン図でいえばXとYの交わりに位置します。いちばん左のeはX＝0なので，（完全に）Xの領域の外側です。ベン図でいえばYの内側のうちXの外側に位置します。fsQCAに固有なのがkですが，これについてはX＝0.33（どちらかというとXに当てはまらない）ので，ベン図ではXの「ある程度領域外」です。「ある程度領域外」はあまり適切な用語ではありませんが，他によい表現がみあたらないのでご容赦ください。

以上のような性質から，図表5.34のようなXYプロットにおいて網掛け領域にあり，かつ右にある（Xが対角線に近い）事例が多いほど，そのデータは「被覆度を上げる」（事例がXとYの交わりに位置する）事例とみなすことができます。逆に，左にある（Xが0に近い）事例が多いほど，そのデータは「被覆度を下げる」（事例がXの外側に位置する）とみなすことができます。

このような性質を持たせるため，fsQCAソフトウェアは，以下の公式に基づき（十分条件の）被覆度を出力するよう設計されています。

$$\text{十分条件の被覆度} = \frac{\Sigma \min(X_i, Y_i)}{\Sigma Y_i} \tag{5.3}$$

各iにつきXが小さくなると分子は0に近づき，その総和も0に近づきます。逆にXが大きいと分子を構成する項がYとなって対応する分母中の項と等しくなり，そのような事例が増えるにつれ全体では1に近づきます。

図表5.26のデータの場合，

$$\text{被覆度} = \frac{\min(X, Y) \text{の総和}}{Y \text{の総和}} = \frac{7.33}{12.68} = 0.58 (0.5780\cdots)$$

となります。

ただし1つ注意があります。fsQCAの十分条件の被覆度に係る上記公式は，本来，被覆度の計算において考慮する必要のないであろう「不整合事例」すなわち対角線（Y＝X）の下側にある事例もカウントしているという点です。仮に対角線下側の事例（f, g, l, q）を除いて被覆度を計算すると，7/12.35＝0.57（0.5668…）となり，先ほどの値と異なる結果になります[17]。なお，csQCAに上記公式を適用した場合，対角線下側にある事例はすべてX軸上にあり，Y＝0です。これらの点については，公式中，分子側のmin（X, Y）も分母側のYも0なので，当該事例を含めても除外しても被覆度の計算結果は同じになります。

---

[17] 図表5.26のデータの場合，対角線下側にある事例（f, g, l, q）のうち，f, g, およびqについてはY＝0です。このため，分子中のmin（X, Y）は0になり，分母中のYも0なので，これらの除外は被覆度の計算結果に影響しません。残る l の除外だけが被覆度の計算結果に影響します。

5.5.4 fsQCAにおける必要条件の整合度

前節まで，fsQCAにおける十分条件分析に関して，整合度や被覆度といった指標の定義を示し，考察してきました。次はfsQCAにおける必要条件分析についてもこれらの指標を導入し，分析結果を評価することを考えてみましょう。

ここでは，職場満足（X）と貢献意志（Y）に関して，4値で測定したデータ（架空）を考え「貢献意志（Y）が生じるには職場満足（X）が必要」という必要条件分析を考えてみましょう（図表5.35）。

図表5.35｜職場満足と貢献意志（架空例）

ID	X（職場満足）	Y（貢献意志）	min（X, Y）
a	0	0	0
b	0	1	0
c	0.33	0	0
d	0.33	0	0
e	0.33	0.67	0.33
f	0.33	0.67	0.33
g	0.33	1	0.33
h	0.33	1	0.33
i	0.67	0.33	0.33
j	0.67	0.33	0.33
k	0.67	0.33	0.33
l	0.67	0.67	0.67
m	1	0	0
n	1	0	0
o	1	0.33	0.33
p	1	0.33	0.33
q	1	0.67	0.67
r	1	1	1
s	1	1	1
t	1	1	1
合計	12.66	10.33	7.31

図表5.36｜職場満足と貢献意志（fsQCAにおける必要条件の整合度の説明）

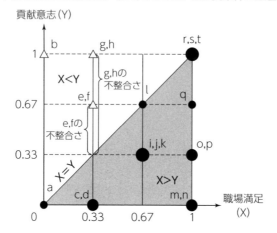

これをプロットしたものが図表5.36です。

まずは整合度です。事例のうち対角線（直線X＝Y）上とその下側（網掛け部分）がX≧Yとなる領域であり、「YのためにはX」という必要条件に整合した観測事例は、この領域に含まれています（●で表記）。この対角線より上側はX＜Yとなる領域であり、この領域に含まれる事例（△）は、上記必要条件に整合しない事例です。

この分析の整合度について、先の十分条件の場合を参考に考えてみましょう。ここでも、csQCAのように、事例全体のうちの整合事例の割合を求めてこれを整合度とする考え方も成り立つでしょう。しかしそれでは、十分条件の整合度の場合と同様、「不整合さ」の程度が考慮されなくなってしまいます。

たとえば、事例eと事例gを比較してみましょう。これらはともに、職場満足（X）が0.33（どちらかというと当てはまらない）です。「Yであるためには必ずX」という必要条件に合致するなら、これらの事例のYの値は0.33以下でなくてはなりません。しかし貢献意志（Y）については、eが0.67（どちらかというと当てはまる）、gが1（完全に当てはまる）で、ともに不整合（X＜Y）です。とはいえ、不整合という点では同じでも、整合と不整合の境界である対角線からの距離はgのほうが大きく、より不整合だと見ることができます。やはりこ

こでも，e と g の「不整合さ」を同じと見るのは不自然だといえるのです。

そこで，整合と不整合の境界である対角線 X = Y から Y 軸に平行に事例の点までのばした線分の長さによって，不整合さを測ることとします。つまりこの例の場合，e より g のほうが対角線から 2 倍離れていて，不整合さも 2 倍だと考えるわけです。そして，この線の長さが 0（対角線上）の場合や事例が対角線より下にある場合は不整合さ 0，つまり完全に整合だと考えます。そして，その整合の度合いを足し合わせ，全体で割って最小 0，最大 1 となるように調整したものが，fsQCA における必要条件の整合度です。これは次式で表されます（式5.4）。

$$必要条件の整合度 = \frac{\Sigma \min(X_i, Y_i)}{\Sigma Y_i}$$

$$= \frac{(対角線より上にある点のXの総和)+(対角線上または対角線より下にある点のYの総和)}{Yの総和}$$

(5.4)

整合事例，すなわち対角線直上またはこれより下側に位置する事例については X ≥ Y なので，min(X, Y) = Y となります。全事例が整合していれば分子の各項と分母の各項が完全に一致し，整合度 = 1 となります。不整合事例すなわち対角線より上側に位置する事例については X < Y なので，min(X, Y) = X(< Y) となります。対角線から離れているほど，X と Y の差は大きくなり，すなわち分子を構成する min(X, Y) と Y の差は大きくなる，よって整合度は小さくなります。

図表5.35のデータの場合，

$$整合度 = \frac{\min(X, Y)の総和}{Yの総和} = \frac{7.31}{10.33} = 0.71$$

となります[18]。

ここでも，この公式だけを見ていると，csQCAの場合の必要条件の整合度

18　なお，csQCAの場合に適用していた「整合事例の割合による整合度」は15/20＝0.75であり，ここで求めた値（0.71）と差が生じます。

の考え方とずいぶん異なるように感じられるかもしれません。しかし，証明は省略しますが，やはり，上記公式は，csQCAの場合の整合度の考え方の拡張になっています。すなわち，十分条件分析のときと同様，クリスプ集合を属性値が0または1しかとらない特殊なファジィ集合とみなして，上記公式を当てはめると，先に説明したcsQCAのための計算方法で求めた整合度と同じ値になるのです。

5.5.5 fsQCAにおける必要条件の被覆度

fsQCAにおける必要条件の被覆度も，考え方として，csQCAの場合と同様，「条件を満たした全事例のうち，結果が生じた事例の割合」を表すことを意図しています。しかしやはり，fsQCAの場合，csQCAの考え方をそのまま当てはめていたのでは，各事例についての「結果の生じていない程度」（ここでは「結果未発生度」とよぶことにしましょう）が考慮されないことになって，指標として不十分なものとなってしまいます。

csQCAの場合を，**図表5.37**（図表3.1(b)と同じ）で振り返ってみましょう。原因条件をX，結果をYとしたとき，「Xが生じ，Yも生じている」（X*Y）のは，XとYそれぞれの範囲の交わり部分（ここでは16事例），「Xが生じているが，Yは生じていない」（X*~Y）のはXの範囲内かつYの範囲の外側（24事例）でした。このように範囲が明確に認識され，結果未発生度が0か1のような形で明確に決定できる場合，必要条件の被覆度 = 16/(16 + 24) = 0.40と計算できました。

しかし，fsQCAではこのように明確なベン図を描くことはできません。fsQCAの必要条件の被覆度を，**図表5.38**に基づき考えてみましょう（データは図表5.35による）。

図中の事例m, o, r いずれも，Xの値はすべて1なので，ベン図でいえばいずれもXの領域の内側，すなわち条件（職場満足）を満たしています。しかしYの値が異なります。rはY = 1（結果Y発生：Yの領域内），oはY = 0.33（どちらかというとYに当てはまらない：Yのある程度領域外），mはY = 0（完全にYに当てはまらない：Yの領域外）です。また，便宜的に「結果未発生度」の語を用いれば，事例oは結果未発生度「中」，事例mは結果未発生度「大」のように表現できます。この結果未発生度は，対角線から事例までY軸に平行に測っ

図表5.37 | csQCAの場合の必要条件の整合度・被覆度
（図表3.1(b)と同じ）

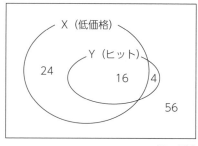

整合度＝16／(16＋4)＝0.80
被覆度＝16／(16＋24)＝0.40

図表5.38 | 職場満足と貢献意志（fsQCAにおける必要条件の被覆度の説明）

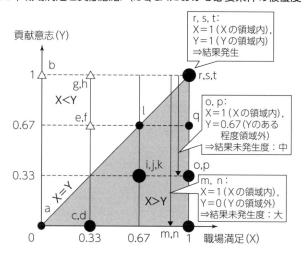

た距離に比例します。事例oの結果未発生度は，事例mほどではありません。

以上のような性質から，「網掛け領域にありかつ対角線に近い事例」が多いほど，そのデータは「被覆度を上げる」（事例が「X*Y」の領域に位置する）事例とみなすことができます。

このような性質を持たせるため，fs/QCAソフトウェアは，以下の公式に基

づき(必要条件の)被覆度を出力するよう設計されています。

$$必要条件の被覆度 = \frac{\Sigma \min(X_i, Y_i)}{\Sigma X_i} \quad (5.5)$$

図表5.35のデータの場合,

$$被覆度 = \frac{\min(X, Y) の総和}{X の総和} = \frac{7.31}{12.66} = 0.58 (0.5774\cdots)$$

となります。

なおここでも,fsQCAの必要条件の被覆度に係る上記公式が,本来,被覆度の計算において考慮する必要のないであろう「不整合事例」すなわち対角線(Y=X)の上側にある事例(b, e, f, g, h)もカウントしているという点に注意が必要です。仮にこれらの事例を除いて被覆度を計算すると,5.99/11.34=0.53(0.5282…)となり,先ほどの値と異なる結果になります。

理解度チェック

- □ ファジィ集合(論理)において,ある条件Pについて,その否定(~P)の属性値が「1-[Pの属性値]」となることが理解できましたか?
- □ ファジィ集合における積や和の属性値の求め方について,その基本的な考え方が理解できましたか?
- □ ファジィ集合における十分条件とはどのようなものか,属性値の大小関係という視点で理解できましたか?
- □ ファジィ集合における必要条件とはどのようなものか,属性値の大小関係という視点で理解できましたか?
- □ fsQCAにおける十分条件の整合度と被覆度の考え方について,理解できましたか?
- □ fsQCAにおいてPRIを確認することの意味が理解できましたか?
- □ fsQCAにおける必要条件の整合度と被覆度の考え方について,理解できましたか?

第6章
実践のためのQ&A

🔍 ねらい

　前章まで，駆け足でQCAによる分析プロセスを説明してきました。ソフトウェアを使い，分析結果を解釈し，あるいは刊行された論文を読むための最低限のノウハウはお伝えできたのではないかと思います。

　とはいえ実際に研究してみようと思うと，その道すがら，多くの疑問が浮かぶことでしょう。事例数はこれで足りるのか，「結果あり」の判断はこれでよいのか，などなど。

　この章では，筆者自身の経験を踏まえながら，よくある疑問に対する答えの例を，一問一答形式で示しました。

　もちろん，答えはこれらに限りません。ただ，ここに示した答えの背景・根拠を読者のみなさんが探究できるよう，可能な限り出典を示しました。

　なお，文献はなるべく英語のものとしています。これは，今後みなさんが論文（特に英語論文）を執筆・投稿される際，著者たるみなさんの判断根拠となる文献の引用に役立てたかったからです。

　ただし，QCAも日々進化しています。今後さらに考え方が変化することもあるでしょう。なるべく新しい文献にも触れていただきたいと思います。

　なお，本章でも引用していますが，Greckhamer et al. (2018) は，QCAを適用した研究のベストプラクティス集となっています。一読をお勧めします。

6.1 研究計画段階

6.1.1 手法の選択

Q1 大規模サンプルを用いたQCAは，統計分析の代わりになるといってよいのでしょうか？

A いいえ。そもそも，分析手法は取り組もうとする「問い」にフィットしていなければなりませんが，QCAと統計分析では対応する「問い」が異なります。

たとえば回帰分析は，「独立変数の増加に応じて，従属変数も増加／減少する」というような仮説を検証するものです。これに対しQCAは，ある「結果」を生じさせる条件（の組合せ）を抽出しようとするものです。大規模サンプルが利用可能だからといって，この点は変わりません。

Q2 統計分析を行うつもりでしたが，十分なサンプルが取れませんでした。そこで，QCAを使って分析しようと思いますが，よいでしょうか？

A いいえ。先の問いと関連しますが，第1に，分析方法は「問い」の種類によって選択されるべきです。サンプルサイズが小さいからといって，統計分析に適した問いを探求する目的でQCAを使用すべきではありません（Rubinson et al., 2019）。

Q3 QCAを使えば事象の因果メカニズムを明らかにできるのでしょうか？

A 残念ながら，QCAは，結果を生じさせる「メカニズム」を同定するものでも，これを目的とするものでもありません（De Meur et al., 2009；Rihoux & Ragin, 2009）。たとえば，ある「結果」について，ある条件と別の条件がどのように作用してそれが生じたかを明らかにすることはできません。あくまで，結果を生じさせる条件構成を抽出する技法です。

因果関係を主張するためには現象の背後にあるメカニズムを探索する必要がありますが，QCAはそこにメスを入れることはできないのです。

因果推論の説明を補強するためには，グラウンデッドセオリーアプローチ，ケーススタディ等，他の研究方法と組み合わせる複合研究法が適用されます（Misangyi et al., 2017；Roscigno & Hodson, 2004；Rubinson et al., 2019）。複合研究法を用いることで，たとえば，典型事例において原因条件と結果をつなぐ因果メカニズムの分析や，結果につながると予想される条件構成を持ちながらそうならなかった逸脱事例（deviant cases）の発生理由の探索が可能になります（Schneider & Rohlfing, 2016）。複合研究法においてfsQCA後のケーススタディで取り上げる典型事例・逸脱事例を客観的に選択するための基準も提案されています（Schneider & Rohlfing, 2016）。

Q4 csQCAとfsQCA，どちらを選ぶべきでしょうか？

A いちがいにはいえません。利用可能なデータにもよるでしょう。そもそも適切なキャリブレーションができるようなデータが得られないことには，信頼性の高いfsQCAは困難です。一方でTóth et al. (2017) は，現象が本質的にカテゴリカル（categorical in nature）でない限り，fsQCAの使用が推奨されるとしています。

研究の傾向としては，fsQCAの割合が増加しています。Rihoux et al. (2013) による2011年までのデータに基づいた分析では，依然としてcsQCAが主流でした。ただしその時点でも，中規模〜大規模サンプルを用いた研究では，fsQCAの割合がやや増加する傾向が見られました。

そして，Mello（2021/2023）による最近のレビューによれば，もはやfsQCAが圧倒的なマジョリティであり，特に経営学分野では「ほとんど唯一の選択肢と言えるほどの存在感を示しています」(Mello, 2023, p. 48)。

ただし，csQCAのほうが節倹的であるとの主張もあります（Rihoux et al., 2013）。また，Fujita (2013) は，csQCAは誤った効果（因果関係）を捉える「第Ⅰ種過誤」を犯しやすい一方，fsQCAは正しい効果を見落とす「第Ⅱ種過誤」を犯しやすい傾向にあると述べています[1]。両手法の間にはトレードオフも存在するといえるでしょう。

6.1.2 条件（候補）の選択

Q5 分析に投入する条件はどのように選択すればよいでしょうか？

A もちろん，最も重要なのは，結果のあり／なしに影響すると考えられる条件を選ぶことです。その際，属性値の変動の大きな条件の選定が望まれます。すなわち，事例間で，属性値（csQCAであれば0と1）がなるべくバラつくようにするということです。逆に，極端な話，全事例について値が1（条件「あり」）をとるような条件では，結果に対する影響を観察できません。

1　第Ⅰ種過誤と第Ⅱ種過誤については，第1章脚注11（10ページ）を参照願います。

Q6 多くの条件の影響を検討したいです。条件は最大いくつ投入できますか？

A 適切な分析が可能な条件の最大数は，第1に，サンプルサイズに依存します。すなわち，サンプルサイズが小さければ投入可能な条件数は少なくなり，サンプルサイズが大きければ投入可能な条件数は多くなります。目安としては，中規模サンプル（N＝10〜40）では，4から6ないし7が最大条件数の目安といわれます（Berg-Schlosser & De Meur 2009；Marx et al., 2012）。条件数を少なくしておくことは，小規模・中規模サンプルの研究において特に重要です（Berg-Schlosser & De Meur 2009）。

しかし最も重要なのは，絶対的な条件数というよりもむしろ，事例数と条件数の比率です（Mello, 2021/2023）。［Q11］（187ページ）も参照してください。

とはいえ，事例さえ集めて大規模サンプルを使用すればいくらでも条件数を増やしてよいというわけではありません。条件数が多いと，得られた解の解釈が困難になります（Schneider & Wagemann, 2010）。Rihoux et al. (2013) は，条件数が6を超えるとその傾向が顕著になると警告しています。たしかに，ある結果の十分条件が，「Aかつ~Bかつ~Cかつ~Dかつ~E，または，Bかつ~CかつDかつ~EかつF，または，…」なんていわれてもピンときませんよね。

そもそも，条件が1つ増えるごとに真理値表の行数は倍増します。事例数が一定とすれば，条件の増加とともに論理残余行も指数関数的に増えてしまうのです（Rihoux et al., 2013）。これは，分析が反事実仮定への依存を強め，データに基づく分析から遠ざかることを意味します。

Q7 条件が多すぎてはいけないということはわかりました。では，投入する条件を減らす（選ぶ）には，どうすればよいですか？

A　もちろん，結果に特に影響しそうな条件，研究上の問いに関係の深い条件を選ぶことは重要でしょう。しかし，それ以外にもいくつかの考え方があります。

その1つが，複数の条件を投入する代わりに，これらを1つの「マクロ条件」（Mello, 2021/2023）に集約し，これを投入するという考え方です。条件ではなく結果の集約に関してではありますが，Kuehn et al. (2017) による，文民統制につながる条件の研究（fsQCAによる）を例に上げてみましょう[2]。

Kuehn et al. (2017) は，軍の統制の状態を，5領域（幹部エリート採用（ER），公共政策（PP），国内安全保障（IS），国防（ND），軍事組織（MO））における，軍指導部と文民エリートとの間での意思決定権の配分の連続体として概念化しました。ここで，文民指導者が5つの領域すべてにおいて完全な決定権を保持するときには，軍が完全な文民統制に服しているとみなし，一方，軍人が5つの領域すべてを支配する場合を軍事政権の理念型と位置付けました。

そして，これら5領域の指標（条件）を個別に分析に投入するのではなく，これらを「文民統制」という1つのマクロ条件に集約しました。また，その際の文民統制の属性値は，上記5条件の値の加重平均としました。なお，Mello (2021/2023) は，条件の集約にあたり，加重平均以外に，ブール代数すなわちファジィ集合演算（第5章5.4節（146ページ）参照）を適用することも可能だとしています。

もっと身近な例として，「月給への満足」と「ボーナスへの満足」を個別の条件として投入する代わりに，これらの条件を「給与への満足」というマクロ条件に集約することが考えられます。その際，「給与への満足」の属性値は，「月給への満足」と「ボーナスへの満足」の属性値の単純平均や加重平均，論理積（第5章5.4.2項），論理和（同5.4.3項）等により決定することになります。

---

[2] Kuehn et al. (2017) による「文民統制」の操作化の例については，Mello (2021, pp.97-99/2023, pp. 117-118) を参照しました。詳しくはこれらの文献を参照願います。

Q8 条件を絞り込む上で，どのようにMDSO/MSDOが適用できるのでしょうか？

A MDSO と MSDO はそれぞれ，most different cases, with similar outcomes, および most similar cases, with different outcomes の略です。

MDSO（most different cases, with similar outcomes）では，最も条件が相違しながら（most different），結果が共通する（similar outcomes）事例グループを取り上げます。そして，共通している（わずかな）条件が，結果の共通性を生んでいると考えます。

MSDO（most similar cases, with different outcomes）では，最も条件が共通しながら（most similar），結果の異なる（different outcomes）事例グループを取り上げます。そして，相違している（わずかな）条件が，結果の差異を生んでいると考えます。

結果に特に影響を及ぼすと考えられる条件の絞り込みには，これらの考えを応用することができます。ひとことでいえば，結果が共通している事例グループ（MDSO）において属性値が共通している（わずかな）条件や，結果が相違している事例グループ（MSDO）において属性値が相違している（わずかな）条件を抽出します。考え方については，田村（2015）を参照してください。

この手順を適用した研究の例として，林ほか（2022）が挙げられます。林ほか（2022）では，大学発ベンチャーによる上市達成の十分条件を，csQCAにより探索しています。その際，技術移転の7ステージそれぞれに対して複数の条件候補を挙げ，それらの中から，MDSO/MSDOの考え方により，各ステージに対して適用すべき条件を選定しています。

Q9 統制変数（に相当する条件）を投入する必要はないのでしょうか？

A QCAにおいて，統制変数を投入するという考えはなく，その必要もありません。その根拠の1つとしてFainshmidt et al.（2020）は，統計分析と異なり，QCAにおいて欠落変数バイアスの問題がないからと説明しています[3]。

むしろ，理論に基づかない条件追加を行うべきではありません（Greckhamer et al., 2018）。また，すでに述べたように，条件数が増えると論理残余が指数関数的に増加し，かえって分析が不適切になってしまいます。

6.1.3 サンプリング（事例の選択）

Q10 QCAにはどのようなサンプリング方法が適していますか？

A Greckhamer et al.（2018）は，小規模サンプルと大規模サンプルに分けて，以下のような方法を推奨しています。

小規模サンプルの場合，一般に，①全数調査，②代表的事例（representative cases）の選定，および③結果「あり」事例と「なし」事例のバランスよい収集が適用されます。また，小規模サンプルでは，分析途中で，理論に基づきサンプルを追加・削除することも広く行われます。

大規模サンプルの場合，①全数調査か，あるいは，②母集団における事例多様性を適切に表すような層別（stratified）サンプリングが行われます。層別サンプリングでは，母集団全体を，重複しない同質のグループ（層）に分け，各層から調査対象をランダムに抽出します。

3　欠落変数バイアス（omitted variable bias）とは，統計分析において，必要な説明変数がモデルに含まれていないことによって生じるバイアスをいいます。

また，サンプルサイズにかかわらず，分析対象となった条件以外の属性がなるべく共通しているような事例を選択することが望ましいといえます（Marx & Dusa, 2011）。そうすることによって，分析対象外の条件の影響を統制することができるからです。さらに，範囲条件（scope conditions）を設け，これに合致する事例のみを収集し，分析範囲を限定するという戦略もあります（Mello, 2021/2023）。

なお，Greckhamer et al.（2018）は，ランダムサンプリング（単純無作為抽出法）が適さない場合があると述べています。ランダムサンプリングによった場合，結果に強く関係するはずの稀な条件構成が観測データから漏れるといったことが生じかねないからです。

Q11　どの程度の事例数が必要でしょうか？

A　ひとことでいうと，事例数（サンプルサイズ）決定の「黄金律（golden rule）」はありません（Mello, 2021, p. 27/2023, p. 35）。

むしろ重要なのは，条件と事例数の比率です。すなわち，投入する条件が増えれば必要最小事例数もおのずと多くなります。Mello（2021/2023）は，投入条件数に対する推奨最小事例数を示しています。これによると，3条件で12事例，4条件で16事例，5条件で25事例，そして6条件で36事例が最小事例数として推奨されています[4]。またたとえば，Marx（2006）やFainshmidt et al.（2020）は，4条件の場合12，7条件の場合30を最小事例数としてあげています。

条件数と比べて事例数が少ないと，真理値表における論理残余行が増えてしまい，反事実仮定への依存度が高まってしまうという問題が生じます。さらに，たとえばランダムに結果あり／なしを割り当てたようなデータでも偶然に整合度の高い結果が生じ，本来結果に影響していない条件構成が解として抽出されてしまう危険があります。

4　Mello（2021/2023）は，Table2.2/表2.2において，上記のほか，2～8条件の場合における推奨最小事例数も示しています。

これに対し，Marx et al.（2012）は，このような解が偶然抽出されてしまう確率（誤解を恐れずにいえば，統計分析における有意確率のようなもの）1％，5％，10％の基準に対して，これを超えないようにするために必要な最小事例数のベンチマークを示しています。これによると，先に述べたMello（2021/2023）やFainshmidt et al.（2020）の推奨最小事例数は，Marx et al.（2012）による確率1〜5％に対する最小事例数とほぼ一致しています。

6.2 キャリブレーション

Q12 csQCAにおいて，条件や結果のキャリブレーション（0 or 1の値付け）を行う際，何に気を付ければよいでしょうか？

A 大前提として，csQCAにせよ，fsQCAにせよ，条件や結果の選択，そしてキャリブレーションが「実質的・理論的知識に基づくものでなければならない」という点は，非常に重要です（たとえば，Fiss, 2007, 2011；Greckhamer et al., 2018；Rihoux & De Meur, 2009；Rubinson et al., 2019）。特に，昨今，投稿論文においては「なぜそのような値付けを行ったのか」についての説明が求められるようになっています。判断における客観性・透明性が求められるのです。

これらの点の重要性は，fsQCAだけでなく，csQCAの場合も同じです。「社長就任」のように白黒はっきりしている場合は特に悩むことはないでしょう。しかし，たとえば「高学歴」を条件としてcsQCAに投入する場合，「大卒以上」とするか，「大学院卒以上」とするかは，国や業種などの文脈にも依存するでしょう。いずれにしても，なぜそうしたのか，説得力のある説明が求められます。

また，分析結果の頑強性を確認する上で，感度分析も有用です（たとえば，Fiss, 2011）。このためたとえば，異なる最大曖昧点（クロスオーバーポイント）（［Q13］参照）を適用して得られたキャリブレーション結果（属性値）を用いて分析を行い，その結果を当初結果と比較します。

Q13 QCAにおいて，連続尺度の値を，結果あり／なし（0/1）の2値（csQCAの場合）や，4値など（fsQCA）に変換することは可能でしょうか？

A 可能ではあります。しかし，平均値や中央値を境にして0と1に分けてよいというような単純な話ではありません。判断に対する詳細な説明が必要です。たとえば，4件法リッカート尺度（0，1，2，3）データにおいて，データが「3」のほうに偏っている場合，最大曖昧点（クロスオーバーポイント（crossover point））（ある条件や結果について「あり」に近いとするか「なし」に近いとするかの分岐点）を2と3の間（たとえば2.5）とし，0，1，2を結果「なし」，3のみを結果「あり」とみなすこともあります。

研究例としてGreckhamer et al. (2008)をみてみましょう。この研究は，企業における事業部の業績につながる条件をcsQCAにより検討しました。その際，事業部の属する産業セクターの成長性，不安定性，競争性等を条件として投入しています。ここで，成長性については，全セクターの平均値を「なし」，「あり」の分岐点すなわちクロスオーバーポイントとしています。一方，不安定性と競争性については，上位四分位点（75％）をクロスオーバーポイントにしています。その際，それぞれの条件についてなぜ平均値あるいは上位四分位点をとったのか，詳細に説明しています。ちなみに，「成長性」について，クロスオーバーポイントとして平均値（mean）をとっていますが，その理由として，分布が正規分布に近似していたことをあげています。歪度の高い他の条件（の元となる変数）については，平均値ではなく中央値（median）も採用しています。このような判断を行う上で，ヒストグラム等によって分布を把握することが有用です。

fsQCAにおいて，連続尺度を0～1の値をとる連続的な属性値に変換する方法もあります。その1つが，ロジスティック関数を用いる「直接法」（direct method）です。直接法については，Mello（2021, pp. 91-94/2023, pp. 108-113）が例に基づき詳しく説明していますので，こちらを参照願います。

ただし，直接法による際に重要なのが，最大曖昧点の決定です。この最大曖

味点が，すべての事例の属性値決定の基準点（質的基準点ともいう）となるからです。

Q14 fsQCAにおいて，リッカート尺度（4件法）などで得た値を，機械的に変換して，条件や結果の属性値としてよいでしょうか？

A　リッカート尺度の値（たとえば，1～4）を，属性値としての「完全に当てはまらない」（0）から「完全に当てはまる」（1）に機械的に変換することは避けるべきです（Rubinson et al., 2019）。もしそうするなら，その正当性を説明できなければなりません。たとえば，なぜ回答「3」が「どちらかといえば当てはまる」と解釈できるのか，などの説明が必要です。

　属性値は単なる変数ではありません。その背後にある質的な相違に着目する必要があります。たとえば，本書執筆時点の法制度下では，年収1,299,999円と1,300,000円の間の差と，1,300,000円と1,300,001円の間の差は，同じではありません。同じ1円の年収差であっても，社会保険における扶養の対象になるか否かという点で，1,300,000円と1,300,001円では「質的な相違」があるためです。実際，パートのシフトにどの程度入るかという就労行動を調査したならば，年収1,300,000円以下と1,300,000円超では大きく異なる結果が得られるでしょう。

6.3　十分条件分析

Q15 （「結果あり」の判断における）度数基準とは何ですか？具体的にはどのような値が適用されますか？

A　度数基準とは，真理値表分析において，ある条件構成について，少なくともこれ以上の事例が観測されなかった場合は論理残余行とみなすという基準です。わずかな事例しか観測されない条件構成においては，あくまで

例外的に結果が生じただけかもしれず，これを分析から除外すべきとの考え方もあるからです（山田・好川，2021）。

ただし，小規模サンプル（Small-N）（N＝12～50）の場合は，1事例でも足りるとみなすことが一般的です（Greckhamer et al., 2018）。一方，大規模サンプル（Large-N）による研究の場合は，度数基準として「2」またはそれ以上が適用されることも多いです。

Q16 （「結果あり」の判断における）整合度基準とは何ですか？具体的にはどのような値が適用されますか？

A 整合度基準とは，十分条件分析（真理値表分析）において，ある条件構成について，その条件構成が十分条件として整合している（consistent）程度を評価する基準です。条件構成について，（度数基準を満たした上で）その素整合度が整合度基準以上である場合，その条件構成は，十分条件の一部となっているとみなします（fsQCAの場合，さらに，次項で説明するPRI基準も適用）。

基準の具体的な数値としては，0.75（たとえば，Fainshmidt et al., 2020；Ragin, 2008a；研究例としては，Lee, 2020）や，0.80（たとえば，Greckhamer et al., 2018；研究例としては，Fiss, 2011）が一般的です。より厳しい基準として，Misangyi（2016）は0.90を提唱しています。

昨今は0.80を適用する研究が多いようです。少なくとも0.75以上でなければならないと筆者は考えます。

参考までに，csQCAでいえば，整合度0.75とは，4事例中1事例の割合で不整合となることを許容するイメージです。同様に，整合度0.80とは，5事例中1事例まで不整合許容のイメージです。また，整合度基準の設定は，統計分析による有意水準の設定と同様のトレードオフをかかえるといえます。すなわち，整合度基準を厳しくすると，第Ⅰ種過誤が回避しやすくなりますが，第Ⅱ種過誤の可能性が高まります。

なお，田村（2015：pp. 144-148）は，整合度基準（田村（2015）では「頻度基準」と表記）に一般的な解答はなく，研究タイプ（仮説検証型か仮説発見（探索）型か）や利用可能事例データ数（サンプルサイズ）によって必要な整合度が異なるとしています。その中で，仮説発見型研究について，整合度≧0.5を目安として示しています。

しかし，整合度が0.5では，たとえば10事例中5事例まで例外があってもよいということになります。これは，本来の意味の十分条件からはかなり遠いものといえるのではないでしょうか。

ですので，筆者は，もし仮説発見型研究において整合度基準0.5を採用するとしても，それによって抽出された解はあくまで「十分条件候補」にすぎないと考えます。そして，その条件候補を満たす事例についてさらにケーススタディ等を行い，結果が生じるメカニズムを探る必要があると考えます。つまり，整合度基準0.5で得られた解はあくまで次の分析の入り口と捉えるのが望ましいと，筆者は考えます。

ただし，整合度基準0.5は，一般に用いられるものではないとしても，次のような例であれば意義がありそうです。たとえば芸能事務所経営者にとって，経験的に，アイドルの卵がメジャーになる確率が5％（20人に1人）だったとします。このような状況において，極端な話，整合度50％（確率10倍！）となるような条件を見つけることができたとしたら，これはかなり有益な情報でしょう。その発見が，当該条件によって生じる成功メカニズム探索のきっかけとなれば，「十分条件」とはいえないにせよ，大いに価値があるといえるかもしれません。

Q17 PRIとは何ですか？ （「結果あり」の判断において）具体的にはどのような値が適用されますか？

A　PRIは，不整合減少率（Proportional Reduction in Inconsistency）の略です。fsQCAでは，ある条件構成が，ある結果の十分条件であると同時にその結果の否定（不存在）の十分条件にもなっているという状態（同時部分

集合関係）が生じることがあります。PRIは，そのような矛盾がない程度を示すものです。具体的な内容については，第5章5.5.2項（165ページ）を参照してください。

近年，fsQCAにおける真理値表分析での結果ありの判断において，度数（事例数）や素整合度に加え，PRIも確認するケースが増えています。

具体的には，PRI＜0.5であるような条件構成はsignificantな不整合を示す（Greckhamer et al., 2018）と判断されます。その他の推奨最小値として，0.6（Cannaerts et al., 2020；Fainshmidt et al., 2020）や0.7（Greckhamer et al., 2018），さらには0.9（Misangyi, 2016）も提唱されています。

Q18 複雑解，中間解，最簡解のうち，結局のところ，どれを用いるべきでしょうか？

A いちがいにはいえません。第3章3.3節（特に図表3.18）にて説明したとおり，それぞれに特徴，そして長所と短所があります。また，それらの間にはトレードオフもあります（藤田，2023）。

どの解を選択するかは，研究者の姿勢・目的にもよります。Thomann et al.（2022）は，QCAを適用する際の研究者の立場を現実派（realist）と理念派（idealist）に分けています。そして，これらのうち現実派は，事例知識や理論的知識からみて妥当な推論を志向します。この立場に立つのであれば，適用すべき解は，観測データのみに基づく複雑解と，観測データに加え「容易な反事実」のみを想定する中間解ということになります。一方の理念派は，冗長な条件をなるべく排除すべきという立場に立ちます。そしてこの立場に合致した解は最簡解ということになります。

また，分析の結果，複雑解があまりにも複雑すぎて解釈が困難すぎたり，最簡解が理論的・経験的におかしいと感じたりすることもあります。このようなときには，中間解が有用になると考えられます（田村，2015）。

出版された論文を見わたすと，筆者の実感としては，中間解を示している研究が最も多いと感じます。「中間解が他の2解より優る」（Ragin, 2009, p. 111/2016,

p. 135）という感覚は，多くの研究者に共通すると思われます。中間解は，一定程度データに立脚しつつ節倹的でもあり，反事実仮定においても無理のない「容易な反事実」のみを仮定し，また，第Ⅰ種過誤と第Ⅱ種過誤それぞれのリスクに対しても中庸です（藤田，2023）。筆者は，「どのようなタイプのQCAの応用であっても，『中間』解の導出をルーチンの一部に含めるべきである」（Ragin, 2009, p. 111/2016, p. 135）との主張に賛同します。

6.4　必要条件分析

Q19　必要条件分析を行う意義は何でしょうか？

A　Marx et al.（2012）は，必要条件分析の実施を推奨しています。また，Rihoux et al.（2009/2016）は，QCAを用いた論文中で示すべき項目に，必要条件分析結果を含めています。

　必要条件分析を行う1つのメリットは，十分条件分析の反事実分析において，各条件の存在（present）あるいは不存在（absent）のいずれが結果につながるかという方向性期待を決めるにあたり，必要条件分析の結果を考慮することができるという点にあります（Mello, 2021/2023）。このため，十分条件分析の前にこれを行うべきです（Schneider & Wagemann, 2012）。

　そもそも，必要条件とは，「○○が生じる上で（最低限）不可欠なもの」すなわち「これなくして○○は生じない」という必須要素です。その意味にかんがみれば，十分条件よりもむしろ重要な場合もあるでしょう。また，必要条件分析とは，同じ結果を生じさせる事例の比較を通じてそれら事例間での共通性を見出すための手法ということもできます（Misangyi et al., 2017）。

　そして，必要条件が満たされない場合，決して「結果」は生じません。この点において，「必要条件は失敗を説明する」というMello（2021/2023）の表現は的を射ているといえるでしょう。

Q20 必要条件の整合度は，どの程度必要でしょうか？

A 必要条件の整合度基準として，0.90を適用することが一般的です（Greckhamer et al., 2018；Schneider & Wagemann, 2012）。
　csQCAの場合でいうと，結果が生じている10事例のうち，対象となる条件を満たしていない逸脱事例は1件しか認めないというレベルの基準です。十分条件の場合（一般に0.80）と比べると厳しい値です。とはいえ，「これがなければ結果は生じない」というのが必要条件ですから，厳しくして当然ともいえます。
　なおこの値は絶対的なものではありません。統計分析における有意水準として0.05（5％）が採用されることが多いのと同じで，研究者間での一般的なコンセンサスにすぎません。

Q21 取るに足りない（trivial：些細な）必要条件とはどのようなものでしょうか？ またその「取るに足りなさ」をどのように判断すればよいでしょうか？

A 企業が上場するための必要条件として「社長が人間であること」をあげたとしても，これは分析上関連性の高い（relevant）あるいは意味のあるものとはいえません。このように，関連性（relevance）が低い必要条件は，取るに足りない（trivial：些細な）ものとみなされます。
　このような「取るに足りない必要条件」には，大きく2つのパターンがあります。第1は，被覆度が非常に小さい場合です。その必要条件を満たしたとしても，ほとんどの事例において結果が生じていないようであれば，あまり意味のある情報とはいえません。第2は，ほとんどすべての事例が条件（X）を満たしているような場合です。先ほどの例のように，「社長が人間であること」といっても，これはほとんど（おそらくすべての）企業においてそうであり，意味ある情報とはいえません。

指標としては，被覆度と必要性の関連性（RoN：Relevance of Necessity）の双方が0.5を下回る場合，その必要条件は取るに足りない必要条件である可能性が高いといわれます（Mello, 2021/2023）。RoNについては，第3章3.1.3項（78ページ）も参照してください。

6.5 その他

Q22　INUS条件・SUIN条件とは何ですか？

A　これらの概念については本書でこれまで触れてきませんでした。しかし，ある結果とその条件の関係を考える上で，重要なヒントを与えてくれる概念です。

INUSとは, an Insufficient but Necessary part of a condition, which is itself Unnecessary but Sufficient for the result（「結果に対して必要とはいえないが十分であるような条件」の，十分とはいえないが必要な部分）を指します。よくわからない日本語ですね。

例をあげて説明しましょう。第2章の分析例の結果抽出された，アパレルブランド生存の十分条件は以下の式で表されました（第2章2.6.5項（60ページ）参照）。

Design*LowP + LowP*SNS + Design*Quality*~SNS

言葉にすれば，「デザイン性，かつ，低価格」または「低価格，かつ，SNS」または「デザイン性，かつ，高品質，かつ，SNSなし」でした。

ここで，冒頭の「Design」が，アパレル生存のINUS条件となっていることを示しましょう。

上記十分条件は，プラス（論理演算では「OR」）で結ばれた3つの項によって構成されます。これら各項はそれぞれ，INUS条件の説明の中のカギカッコでくくられた「結果に対して必要とはいえないが十分であるような条件」です。

たとえば，第1項の「Design*LowP」（デザイン性，かつ，低価格）は，生存の必要条件ではありません。これが満たされなくともたとえば第2項「LowP*SNS」（低価格，かつ，SNS）が満たされれば生存できるからです。一方，この第1項が満たされれば第2，第3項がどのようになっていようとも生存できますので，この第1項自体，生存の十分条件（の一部）です。このようにして，第1項が，先のINUS条件の定義の中の「結果に対して必要とはいえないが十分であるような条件」だということがわかりました。

そして第1項を満たす上で「Design」は，「十分とはいえないが必要な部分」となっています。なぜなら，Designがあってももう1つの要素であるLowPが満たされないとDesign*LowPは満たされないので，Designだけでは第1項にとって十分ではありません。しかしDesignがないとDesign*LowPは決して満たされないので，「必要」です。

これらを総合すると，（第1項に注目して）「Design」は解全体に対して「『結果に対して必要とはいえないが十分であるような条件』の，十分とはいえないが必要な部分」となっているのです。

同様に，各項を構成するすべての要素（LowP，SNSその他）も，アパレルブランド生存のINUS条件です。

社会科学において，INUS条件のような「それ自体のみで結果を生じさせるわけではないが，結果発生メカニズムにおいて重要な役割を果たす要素」を考慮することは重要です（Mello, 2021/2023）。

一方，SUINとは，a Sufficient but Unnecessary part of a factor, which is itself Insufficient but Necessary for the result（結果に対して「十分ではないが必要であるような要素」の，必要ではないが十分な部分）を意味します。

SUIN条件の考え方は，必要条件と組み合わせて考えることが有効です（田村, 2015）。

たとえば，アパレルブランドのメガヒットの必要条件として，以下が抽出されたとしましょう（項の「和」（OR）ではなく，「積」（AND）の形でパーツが結合されていることに注意してください）。

(Design + LowP)*(Quality + SNS)

すなわち,「デザイン性または低価格」かつ「高品質またはSNS」です。

このとき, Design, LowP, QualityおよびSNSの各条件はいずれもSUIN条件です。なぜなら, 2つのカッコのまとまり (Design + LowP) と (Quality + SNS) はそれぞれ「十分ではないが必要であるような要素」です。満たされたからといってそれだけでメガヒットにつながるわけではありません（十分ではないが, これがないとメガヒットにつながりません（必要））。そしてそのカッコの中で, 各素条件は,「必要ではないが十分な部分」となっているのです。

このように, INUS条件とSUIN条件はいずれも, それら単独では十分条件でも必要条件でもありませんが,「結果」の発生において重要な役割を果たしています（田村, 2015）。一方で, これらが結果に影響するメカニズムは大きく異なります。

INUS条件やSUIN条件に限らず, ある条件が結果に及ぼす影響のメカニズムを把握し, 区別することは重要です。

Q23　QCAを用いた実証研究には, どのようなものがありますか？

A　図表6.1は, QCAを用いた研究例を, 本書でこれまで参照した文献を中心に示したものです。これらは, さまざまな研究方法や対象のバリエーションを示すことを主眼として選定されたものです。必ずしも「代表的な研究」をあげたわけではありません。また, QCAが適用されているさまざまな研究領域を横断的に網羅したものでもありません。ご了承ください。

図表6.1 | QCAを用いた研究例

文献	方法	N	説明
Cannaerts et al. (2020)	fsQCA	72	公組織において両利き経営を可能とするリーダーシップその他の要因の抽出。 質問紙法（リッカート5件法）でデータ取得。
Crilly et al. (2012)*	fsQCA	17	CSR（企業の社会的責任）に係る諸制度の本質的導入，あるいは「脱連結」（形式的な導入）につながる環境要因および組織内要因の抽出。
Fiss (2011)	fsQCA	139	マイルズ＝スノーの企業類型化論をfsQCAで再検討。すなわち，高業績につながる構成要素の組合せを抽出し，マイルズ＝スノーの主張と比較。
Greckhamer et al. (2008)	csQCA	2841	企業の高業績につながる条件の抽出。 条件として，3レベル（産業・企業・事業部）にわたる7条件を投入。Large-N研究。
林ほか (2022)	csQCA	39	大学発ベンチャーが上市（製品化）に漕ぎつける十分条件の抽出。 データは半構造化インタビューにより取得。投入する条件(候補)の選定に際し，MDSO/MSDOの手法を適用。
木寺 (2020)	csQCA	190	高等裁判所長官が最高裁判所判事となる十分条件としての，歴任ポストの抽出。 あるポストと次のポストの間のつながりを検討するため，ネットワーク分析も併用。
久保 (2022)	mvQCA	167	製造業者を対象に，ターゲット顧客の価格弾力性の高低，製品分類，トップシェアといった3種の「結果」について，マーケティングミックスにおける4P（製品，価格，チャネル，プロモーション）のどの組合せが十分条件となっているかを検討。 条件および結果として複数の属性値をとる「mvQCA」（マルチ・バリューQCA）を適用。なお，mvQCAでは，fsQCAと異なり，事例を「極に寄せる」ことはしない（補論B参照）。

Kuehn et al. (2017)	fsQCA	57	軍の文民統制を生じさせる十分条件の抽出。分析に際し複数の条件を「マクロ条件」に集約。
Lee (2020)	fsQCA	17	ジャニスの集団浅慮のモデルを，天安門事件を題材に再検討。すなわち，集団浅慮につながる十分条件を抽出。データとして会議議事録を活用。また，共分散構造分析のような要因間の影響プロセスの解明を志向。
Rihoux & De Meur (2009/2016)	csQCA	18	戦間期（第1次大戦と第2次大戦の間）の欧州諸国において，民主主義が存続した十分条件の抽出。矛盾行について，整合度等によって結果のあり／なしを判断するのではなく，条件を追加投入することにより，これを解消しようとしている（近年，このような方法は一般的でない）。
Snelson-Powell et al. (2016)*	fsQCA	40	英国のビジネススクールが，サステナビリティポリシーを本格的に導入（強連結）する，あるいはシンボリックな導入（脱連結）に留める上での，組織的・戦略的条件の抽出。
Srikant (2019)*	fsQCA	59	米国天然ガス輸入産業における新規事業者による政府事業許可取得に関して，(1)許可取得，(2)スピーディーな許可取得，および(3)許可取得失敗のそれぞれに至る条件の抽出。条件候補としては，許可取得のための各社のレトリックと社会経済，企業，地域要因等を適用。
山田・好川 (2021)	fsQCA	54	女性取締役が選任される十分条件の抽出。同時に，上記の否定である男性取締役選任の十分条件も抽出。

注：*は本書においてこれまで言及していない文献を示す。

Q24 QCAについてさらに学びたい場合，何を参照すればよいでしょうか？

A 本書執筆時点（2024年7月）において，本書の次に読むべき日本語テキストとしては，パトリック・A・メロ（著），東伸一・横山斉理（訳）(2023)『質的比較分析（QCA）：リサーチ・デザインと実践』（原著：Mello, P. A. (2021) *Qualitative comparative analysis: An introduction to research design and application*. Georgetown University Press）がベストだと，筆者は考えます。QCAの考え方や研究プロセスについて，詳細かつ網羅的に書かれています。

また，上記訳本に関しては，その訳者である東伸一先生と横山斉理先生が，サポートサイトを運営されています（https://sites.google.com/aoyamagakuin.jp/p-a-mello-qca-japanese-ed/qca-home）。ここには，用語集他，さまざまなお役立ち情報が掲載されています。

QCAのコミュニティサイトである「https://compasss.org/」もお勧めです（「compasss」とsが3つ続くので注意してください）。QCAの最新の方法等に関するワーキングペーパーが公開されている他，さまざまなカンファレンス，ワークショップに関する情報も掲載されています。また，本書で参照したfs/QCAソフトウェアをはじめ，QCAや関連手法を実行できるさまざまなソフトウェアが入手可能です。

また，fs/QCAソフトウェアのマニュアル（森, 2017a, 2017b）などを公開されている森大輔先生のウェブサイト（http://park18.wakwak.com/~mdai/qca/index.html）においても，さまざまな情報やリンクが提供されています。

本書冒頭にも申し上げましたが，本書の内容は，「入門へのアプローチ」にすぎません。条件選択，キャリブレーションなど，本当に重要なことについては，深く触れていません。上記のようなテキスト，資料等を参照して，さらに学びを深められることを願っています。

補論A：解式の最小化の考え方

十分条件分析（真理値表分析）では，観測データに基づきまとめられた真理値表の内容を，解釈可能な程度にシンプルな解式に変形（最小化）します。

たとえば，第1章1.2節の分析プロセス例（動機付けにつながる条件の探索）において，図表補A1（図表1.2②と同じ）のような真理値表を示しました。

図表補A1｜真理値表の例（動機付けにつながる条件の探索）

条件構成	給与	福利厚生	仕事そのもの	人間関係	動機付け	事例ID
1	×	×	○	○	○	C, E, …
2	○	○	×	×	○	A, …
3	○	×	○	○	○	D, …
4	○	×	×	×	×	B, …
5	×	○	○	×	×	F, …
6	×	×	×	×	?	（なし）
⋮	⋮	⋮	⋮	⋮	⋮	⋮

この真理値表の内容は，以下のような「式」として表現可能です。

　(~給与)*(~福利厚生)*仕事そのもの*人間関係
　　＋給与*福利厚生*(~仕事そのもの)*(~人間関係)
　　＋給与*(~福利厚生)*仕事そのもの*人間関係
　　…
　　→動機付け

このような複雑な式が，

　　仕事そのもの*人間関係＋給与*福利厚生→動機付け

というきわめてシンプルな形に変形できるのでした（ただし上記の例は真理値表のごく一部しか示していないので，必ずしもこのような解になるというわけではありません）。

では，このような最小化がどのようにして可能になるのでしょうか。その基礎となる考え方は以下のとおりです。

例として，「物理学が得意」（以下，「物」と表記）という結果に対する十分条件を検討しているとしましょう。そして，条件として「数学が得意」（「数」）と「地理が得意」（「地」）を取り上げて検討した結果，「物理学が得意」の十分条件として，「数学が得意かつ地理が得意，または，数学が得意かつ地理が得意でない」が抽出されたとしましょう。

すなわち，

　　　数*地 ＋ 数*(~地) → 物

です。この左辺をシンプルにするのです。結論からいえば，左辺は，単に「数」すなわち「数学が得意」と最小化できます。なぜそうなるかを考えてみましょう。

この変形の考え方は，図表補A2のベン図のとおりです。第1項「数*地」（数学が得意かつ地理が得意）は，2つの円の交わり部分に相当します。第2項「数*(~地)」（数学が得意かつ地理が得意でない）は，「数」の円から「地」に該当する部分を除いたものです。これら両者を足し合わせると，結局「数」の円に一致するのです。

図表補A2｜最小化のイメージ

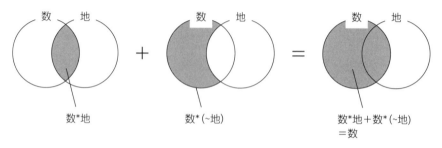

これを式で考えると以下のとおりです。(なぜそれができるのかという証明は抜きにして) 左辺を「数」でくくると,

数*地 + 数*(~地) = 数*{地 + (~地)}

となります。

ここで, {地 + (~地)} とは,「地理が得意, または, 地理が得意でない」ということなので,「地理は得意でも得意でなくてもよい」すなわち「地理の得意不得意は結果に影響しない」ということを意味します。よって,

数*{地 + (~地)} = 数

であることが, 式の変形からも示すことができました。

最小化の根本は, このようにして式中の「P + (~P)」(P, または, Pでない) のようなパーツを抽出することで「Pは結果に影響しない」ことを確認し, これを式から「消す」ことにあります。

QCA分析プロセスにおいてソフトウェアが行っているのも, この作業の繰り返しです。ちなみに,「カルノー図」を使うと, 4～6条件までの式の最小化を, より効率的に (手作業で!) 行うことができます[1]。そして, クワイン・マクラスキー法は, さらに多くの条件によって構成される式の最小化を, システマチックに行うことを可能にする (しかもコンピュータに実装可能な) アルゴリズムの1つです。

---

[1] カルノー図を用いた最小化については, ミューズ氏提供『ミューズの情報教室』(URL: https://musemyuzu.com/) という情報系動画サイトの中の「【初心者向け】カルノー図を徹底解説します。カルノー図Part1【加法標準形】【論理回路】」がわかりやすく説明しています。また, クワイン・マクラスキー法については, 同サイト中の「【論理回路】カルノー図の友達を連れてきました。クワイン・マクラスキー法をわかりやすく解説!【QM法】」がわかりやすいです。

補論B：fsQCAにおける各事例の条件構成への割り当て

csQCAの場合，まず各事例につき，各条件「なし」または「あり」のいずれに該当するかを判断しました。そして，その結果に従い0または1の属性値を付与し，属性値（0, 1）の組合せにより，各事例を真理値表の各行（＝条件構成）に割り当てることができました。

一方，fsQCAの場合，属性値は，0と1の間の任意の値をとることができます。このため，条件充足を「あり」「なし」と区分するような真理値表に対して事例を割り当てることは，そう単純ではありません。

しかし，fsQCAにおいても，各事例を，その各条件の属性値に基づき，該当する条件構成（すなわち真理値表における「行」）に割り当てる方法が提唱されています。詳しくはRagin（2008a, pp. 128-130）や田村（2015, pp. 105-111）を参照してください。

基本的な手順は以下のとおりです。

（1）各条件によって構成される「属性空間」を考えます。**属性空間**は，条件数と同じ次元を持つ空間です。すなわち，2条件の場合は2次元空間（平面），3条件の場合は3次元空間，そして一般に条件がk個ある場合はk次元空間になります。

（2）各事例について，各条件構成に対する属性値を計算します。そして，当該属性値が最も大きい条件構成に，当該事例を割り当てます。

以下，2条件・4事例の場合で考えてみましょう。

例：
- 条件：P, Q（2条件）
- 結果：Z

> 事例：a～d（4事例）
> 各事例における，条件PおよびQの属性値
> （ここで，たとえばPaは事例aにおける条件Pの属性値を表します。）
>   ◇ 事例a：Pa＝0, Qa＝0.3
>   ◇ 事例b：Pb＝0.4, Qb＝0.9
>   ◇ 事例c：Pc＝0.7, Qc＝0.1
>   ◇ 事例d：Pd＝0.6, Qd＝1

これらの事例は，P軸とQ軸を持つ2次元属性空間（つまり平面）において，図表補B1のように分布しています。ここで，条件構成への割り当てとは，各事例（点）を直近の極，すなわち，正方形の四隅である (0, 0)，(0, 1)，(1, 0)，(1, 1) のいずれかに寄せることを意味します。

結論を先取りすれば，a (0, 0.3) は点 (0, 0) に，b (0.4, 0.9) は点 (0, 1) に，c (0.7, 0.1) は点 (1, 0) に，そしてd (0.6, 1) は点 (1, 1) に寄せる（割り当てる）ことになります。直近の極に割り当てるということがどのようなことか，図から直感的に理解いただけるのではないでしょうか。

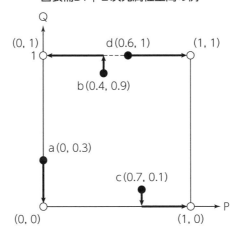

図表補B1｜2次元属性空間の例

厳密にいえば，各事例の条件構成への割り当て方法は以下のとおりです。

まず，各事例のPおよびQの属性値からその否定（~Pおよび~Q）の属性値を計算し，考えうるすべての条件構成に対する属性値を，論理積によって計算します。条件構成の数は2^k（ただし，kは条件数）です。なので，ここでは2^2すなわち条件構成の数は4つ（この例においては，P*Q，P*~Q，~P*Q，~P*~Q）となります。

　こうして，それぞれの事例につき，各条件構成に対する属性値を計算します。ファジィ集合に関連した演算については，第5章5.4節（146ページ）を参照願います。たとえば，以下となることを思い出してください。

　　否定の属性値：~Px = 1 − Px
　　　　　　　　　（否定の属性値は1から元の属性値を引いたもの）
　　積の属性値：　（P*Q）x = min（Px, Qx）
　　　　　　　　　（積の属性値は元の属性値の小さいほう）

　そして，そのうち最も大きい属性値を持つ条件構成に，各事例を割り当てます。その結果が図表補B2です。ここでは，各事例について，4とおりの条件構成のうち，最大の属性値を下線で示しました。

図表補B2｜各条件構成に対する属性値の比較を通じた割り当て

事例	元の属性値		否定の属性値		条件構成（積）の属性値				割り当て先
	P	Q	~P	~Q	P*Q	P*~Q	~P*Q	~P*~Q	
a	0	0.3	1	0.7	0	0	0.3	<u>0.7</u>	~P*~Q(0, 0)
b	0.4	0.9	0.6	0.1	0.4	0.1	<u>0.6</u>	0.1	~P*Q(0, 1)
c	0.7	0.1	0.3	0.9	0.1	<u>0.7</u>	0.1	0.3	P*~Q(1, 0)
d	0.6	1	0.4	0	<u>0.6</u>	0	0.4	0	P*Q(1, 1)

　これで割り当て完了です。しかし，このようにすべての条件構成に対する属性値を計算してそれらを比較するというのは煩雑です。

　実は，条件構成への事例の割り当ては，もう少し簡単に行うことができます。つまり，上記（2）に代え，以下のとおり処理して各事例を割り当てるのです。

【別法】

（2'）各事例について，各素条件の属性値を，0または1に変換する。すなわち，0.5未満の値は0に，0.5超の値は1に変換する。その上で，変換後の属性値（0 or 1）に基づきcsQCAの手順で，当該事例を真理値表の行に割り当てる。

実際，図表補B1では，各点が，PおよびQ方向について，0か1のうち近いほうの極に寄せられていますよね。

この方法（2'）に基づいて得られる割り当て先（以下の表の最右列）は図表補B3のとおりです。先に，（2）でファジィ集合演算を通じて得られた割り当て先（図表補B2）と同じになっています。

たとえば，事例bの場合，

Pb = 0.4 ⇒ 0に寄せる
Qb = 0.9 ⇒ 1に寄せる

よって，点bは，(0, 1) すなわち「~P*Q」の極に寄せることになります。

図表補B3｜属性値を属性空間の極に寄せてからの割り当て

事例	元の属性値		極		割り当て先
	P	Q	P軸	Q軸	
a	0	0.3	0	0	~P*~Q (0, 0)
b	0.4	0.9	0	1	~P*Q (0, 1)
c	0.7	0.1	1	0	P*~Q (1, 0)
d	0.6	1	1	1	P*Q (1, 1)

こうして，上記いずれかの方法により，fsQCAの場合でもcsQCAと同様に真理値表を作成することができます。

なお，属性値が0.5となるような事例は，その属性について，0側と1側の

いずれの極にも寄せることができません。0.5は0と1のいずれに対しても等距離になってしまうからです。図表補B2のような方法をとっても，等しい属性値を持つ条件構成が複数生じてしまい，割り当て先を1つに決めることができません。

　これも，fsQCAにおいて属性値として0.5の値を用いない理由の1つです（第5章5.2節参照）。なお，仮に属性値0.5を含むような事例をfs/QCAソフトウェアにかけても，そのような事例は自動的に分析から除外されます。

参考文献

東伸一（2022）．「質的比較分析（QCA：Qualitative Comparative Analysis）の流通研究における可能性についての一考察」『マーケティング史研究』，1(2)，204-225．

大村平（2014）．『論理と集合のはなし（改訂版）：正しい思考の法則』日科技連出版社．

北居明（2014）．『学習を促す組織文化：マルチレベル・アプローチによる実証分析』有斐閣．

木寺冗（2020）．「ジャッジ 選ばれる判事：最高裁判所裁判官をめぐる人事システム分析」『公共政策研究』，20，26-38．

久保知一（2022）．「マーケティングミックスの多様性：4Pの組み合わせの質的比較分析（QCA）」『マーケティングジャーナル』，42(1)，17-27．

齋藤圭介（2017）．「質的比較分析（QCA）と社会科学の方法論争」『社会学評論』，68(3)，386-403．

田村正紀（2015）．『経営事例の質的比較分析：スモールデータで因果を探る』白桃書房．

中西善信（2023）．「経営行動科学への質的比較分析の適用：因果非対称性，条件交絡及び等結果性への着目」『経営行動科学』，34(3)，57-73．

野矢茂樹（2020）．『まったくゼロからの論理学』岩波書店．

林侑輝・坂井貴行・山田仁一郎（2022）．「技術移転のハンズオン・モデル：大学発技術の上市を促進するプロセス要因の分析」『組織科学』，55(4)，67-79．

平野光俊（2006）．『日本型人事管理：進化型の発生プロセスと機能性』中央経済社．

藤田泰昌（2023）．「多様で複雑な因果をどう捉えるか：質的比較分析（QCA）の方法論的発展は何をもたらしたのか」『経営行動科学』，34(3)，75-93．

藤原義博・若見昇・林勲（2018）．「松下電器から生まれたファジィ家電，ニューロ・ファジィ家電」『知能と情報（日本知能情報ファジィ学会誌）』，30(1)，14-23．

舞田竜宣・杉山尚子（2008）．『行動分析学マネジメント：人と組織を変える方法論』日本経済新聞社．

森大輔（2008）．「訳注 真理表におけるpre（新しいバージョンではPRI整合度）の意味について」，『Fuzzy-Set/Qualitative Comparative Analysis ユーザーガイド』(pp. 96-97) http://park18.wakwak.com/~mdai/qca/software/fsQCAJapanese.pdf

森大輔（2017a）．「質的比較分析（QCA）のソフトの使用方法：fs/QCAとRのQCA・SetMethodsパッケージ(1)」『熊本法学』，(140)，250-209．

森大輔（2017b）．「質的比較分析（QCA）のソフトの使用方法：fs/QCAとRのQCA・SetMethodsパッケージ(2)」『熊本法学』，(141)，388-348．

山田仁一郎・好川透（2021）.「経営者による企業統治の監視中和化のメカニズム：女性取締役選任の先行要因の質的比較分析」『組織科学』, 55(2), 31-47.

Azuma, N., Yokoyama, N., & Kim, W. (2022). Revisiting the Big Middle: an fsQCA approach to unpack a large value market from a product specialist retailer's perspective. *International Journal of Retail & Distribution Management*, 50(8/9), 900-921.

Berg-Schlosser, D., & De Meur, G. (2009). Comparative research design: Case and variable selection. In B. Rihoux & C. C. Ragin (Eds.), *Configurational comparative methods: Qualitative comparative analysis (QCA) and related techniques* (pp. 19-32). Sage.（石田淳・齋藤圭介 監訳『質的比較分析（QCA）と関連手法入門』晃洋書房, 2016年, pp. 32-47）

Cannaerts, N., Segers, J., & Warsen, R. (2020). Ambidexterity and public organizations: A configurational perspective. *Public Performance and Management Review*, 43(3), 688-712.

Chatman, J. A. (1989). Improving interactional organizational research: A model of personorganization fit. *Academy of Management Review*, 14(3), 333-349.

Cosmides, L., & Tooby, J. (1992). Cognitive adaptations for social exchange. In J. Barkow, L. Cosmides, & J. Tooby (Eds.), *The adapted mind: Evolutionary psychology and the generation of culture* (pp. 163-228). Oxford University Press.

Crilly, D., Zollo, M., & Hansen, M. T. (2012). Faking it or muddling through? Understanding decoupling in response to stakeholder pressures. *Academy of Management Journal*, 55(6), 1429-1448.

De Meur, G., Rihoux, B., & Yamasaki, S. (2009). Addressing the critiques of QCA. In B. Rihoux & C. C. Ragin (Eds.), *Configurational comparative methods: Qualitative comparative analysis (QCA) and related techniques* (pp. 147-165). Sage.（石田淳・齋藤圭介 監訳『質的比較分析（QCA）と関連手法入門』晃洋書房, 2016年, pp. 175-197）

Fainshmidt, S., Witt, M. A., Aguilera, R .V., & Verbeke, A. (2020). The contributions of qualitative comparative analysis (QCA) to international business research. *Journal of International Business Studies*, 51(4), 455-466.

Fiedler, F. E. (1967). *A theory of leadership effectiveness*. McGraw-Hill.

Fiedler, F. E. (1993). The leadership situation and the black box in contingency theory. In M. M. Chemers & R. Aymaned (Eds.), *Leadership theory and research: Perspectives and directions* (pp. 1-28). Academic Press.

Fiss, P. C. (2007). A set-theoretic approach to organizational configurations. *Academy of Management Review*, 32(4), 1180–1198.

Fiss, P. C. (2011). Building better causal theories: A fuzzy set approach to typologies in organization research. *Academy of Management Journal*, 54(2), 393–420.

Fujita, T. (2013). Comparing QCA methods for exploring conjunctural causation: From the perspective of type I and type II errors. *Keiei to Keizai*, 93(1-2), 201–226.

Greckhamer, T., Furnari, S., Fiss, P. C., & Aguilera, R. V. (2018). Studying configurations with qualitative comparative analysis: Best practices in strategy and organization research. *Strategic Organization*, 16(4), 482–495.

Greckhamer, T., Misangyi, V. F., Elms, H., & Lacey, R. (2008). Using qualitative comparative analysis in strategic management research: An examination of combinations of industry, corporate, and business-unit effects. *Organizational Research Methods*, 11(4), 695–726.

Herzberg, F., Mausner, B., & Snyderman, B. B. (1959). *The motivation to work* (2nd Edition). Wiley.

Katz, D., & Kahn, R. L. (1966). *The social psychology of organizations*. John Wiley & Sons.

Kuehn, D., Croissant, A., Kamerling, J., Lueders, H., & Strecker, A. (2017). Conditions of civilian control in new democracies: An empirical analysis of 28 'third wave' democracies. *European Political Science Review*, 9(3), 425–447.

Lee, T. C. (2020). Groupthink, qualitative comparative analysis, and the 1989 Tiananmen Square disaster. *Small Group Research*, 51(4), 435–463.

Marx, A. (2006). Towards a more robust model specification in QCA: Results from a methodological experiment. *COMPASSS working papers*, COMPASSS. http://www.compasss.org/wpseries/Marx2006.pdf

Marx, A., Cambré, B., & Rihoux, B. (2012). Crisp-set qualitative comparative analysis and the configurational approach. Assessing the potential for organizational studies. In P. Fiss, B. Cambré, & A. Marx (Eds.), *Research in sociology of organizations* (pp. 23–47). Emerald Publishers.

Marx, A., & Dusa, A. (2011). Crisp-set qualitative comparative analysis (csQCA): Contradictions and consistency benchmarks for model specification. *Methodological Innovations Online*, 6(2), 103–148.

Mello, P. A. (2021). *Qualitative comparative analysis: An introduction to research design and application.* Georgetown University Press.（東伸一・横山斉理 訳『質的比較分析（QCA）：リサーチ・デザインと実践』千倉書房, 2023年）

Misangyi, V. F. (2016). Institutional complexity and the meaning of loose coupling: Connecting institutional sayings and (not) doings. *Strategic Organization*, 14(4) 407-440.

Misangyi, V. F., Greckhamer, T., Furnari, S., Fiss, P. C., Crilly, D., & Aguilera, R. (2017). Embracing causal complexity: The emergence of a neo-configurational perspective. *Journal of Management*, 43(1), 255-282.

Peters, T. J., & Waterman Jr., R. H. (1982). *In search of excellence: Lessons from America's best-run companies.* Harper Collins.（大前研一 訳『エクセレント・カンパニー』英治出版, 2003年）

Ragin, C. C. (2008a). *Redesigning social inquiry: Fuzzy sets and beyond.* University of Chicago Press.

Ragin, C. C. (2008b). User's guide to fuzzy-set/Qualitative comparative analysis.（森大輔 訳『Fuzzy-Set/Qualitative Comparative Analysis ユーザーガイド』2010年, http://park18.wakwak.com/~mdai/qca/software/fsQCAJapanese.pdf）

Ragin, C. C. (2009). Qualitative comparative analysis using fuzzy sets (fsQCA) In B. Rihoux & C. C. Ragin (Eds.), *Configurational comparative methods: Qualitative comparative analysis (QCA) and related techniques* (pp. 87-121). Sage.（石田淳・齋藤圭介 監訳『質的比較分析（QCA）と関連手法入門』晃洋書房, 2016年, pp. 108-146）

Ragin, C. C. (2017). *User's guide to fuzzy-set/Qualitative comparative analysis.* https://sites.socsci.uci.edu/~cragin/fsQCA/download/fsQCAManual.pdf

Ragin, C. C., & Davey, S. (2022). Fuzzy-Set/Qualitative Comparative Analysis 4.0 [Computer Software]. Department of Sociology, University of California. https://sites.socsci.uci.edu/~cragin/fsQCA/software.shtml

Ragin, C. C., & Fiss, P.C. (2008). Net effects analysis versus configurational analysis: An empirical demonstration. In C. C. Ragin (Ed.), *Redesigning social inquiry: Fuzzy sets and beyond* (pp. 190-212). University of Chicago Press.

Rihoux, B., Álamos-Concha, P., Bol, D., Marx, A., & Rezsöhazy, I. (2013). From niche to mainstream method? A comprehensive mapping of QCA applications in journal articles from 1984 to 2011. *Political Research Quarterly*, 66(1),175-184.

Rihoux, B., & De Meur, G. (2009). Crisp-set qualitative comparative analysis (csQCA). In B. Rihoux & C. C. Ragin (Eds.), *Configurational comparative methods: Qualitative comparative analysis*（QCA）*and related techniques*（pp. 33-68）. Sage.（石田淳・齋藤圭介 監訳『質的比較分析（QCA）と関連手法入門』晃洋書房，2016年，pp. 48-86）

Rihoux, B. & Ragin, C. C. (Eds.). (2009). *Configurational comparative methods: Qualitative comparative analysis* (QCA) and related techniques. Sage.（石田淳・齋藤圭介 監訳『質的比較分析（QCA）と関連手法入門』晃洋書房，2016年）

Rihoux, B., Ragin, C. C., Yamasaki, S., & Bol, D. (2009). Conclusions—The way(s) ahead. In B. Rihoux & C. C. Ragin (Eds.), *Configurational comparative methods: Qualitative comparative analysis* (QCA) *and related techniques* (pp. 167-177). Sage.（石田淳・齋藤圭介 監訳『質的比較分析（QCA）と関連手法入門』晃洋書房，2016年，pp. 198-211）

Roscigno, V. J., & Hodson, R. (2004). The organizational and social foundations of worker resistance. *American Sociological Review*, 69(1), 14-39.

Rubinson, C., Gerrits, L. G., Rutten, R., & Greckhamer, T. (2019). *Avoiding common errors in QCA: A short guide for new practitioners.* https://compasss.org/wp-content/uploads/2019/07/Common_Errors_in_QCA.pdf

Schneider, C. Q., & Rohlfing, I. (2016). Case studies nested in fuzzy-set QCA on sufficiency: Formalizing case selection and causal inference. *Sociological Methods & Research*, 45(3), 526-568.

Schneider, C. Q., & Wagemann, C. (2010). Standards of good practice in qualitative comparative analysis (QCA) and fuzzy-sets. *Comparative sociology*, 9(3), 397-418.

Schneider, C. Q., & Wagemann, C. (2012). *Set-theoretic methods for the social sciences: A guide to qualitative comparative analysis.* Cambridge University Press.

Snelson-Powell, A., Grosvold, J., & Millington, A. (2016). Business school legitimacy and the challenge of sustainability: A fuzzy set analysis of institutional decoupling. *Academy of Management Learning & Education*, 15(4), 703-723.

Srikant, C. D. (2019). Impression management strategies to gain regulatory approval. *Journal of Business Research*, 105, 136-153.

Thomann, E., Ege, J., & Paustyan, E. (2022). Approaches to qualitative comparative analysis and good practices: A systematic review. *Swiss Political Science Review*, 28(3), 557-580.

Tóth, Z., Henneberg, S. C., & Naudé, P. (2017). Addressing the 'qualitative' in fuzzy set qualitative comparative analysis: The generic membership evaluation template. *Industrial Marketing Management*, 63, 192-204.

Wason, P. C. (1968). Reasoning about a rule. *Quarterly Journal of Experimental Psychology*, 20(3), 273–281.

（ウェブサイト）

Charles Ragin（https://sites.socsci.uci.edu/~cragin/cragin/）
　［チャールズ・レイガン先生個人サイト］
　　○fs/QCAソフトウェアダウンロードページは下記：
　　　（https://sites.socsci.uci.edu/~cragin/fsQCA/software.shtml）

Comparative Methods for Systematic Cross-Case Analysis（https://compasss.org/）
　［QCA総合情報サイト］

Qualitative Comparative Analysis（QCA）
　（https://sites.google.com/aoyamagakuin.jp/p-a-mello-qca-japanese-ed/qca-home）
　［東伸一先生と横山斉理先生による，Parick Mello先生テキスト邦訳書（Mello, 2023）サポートサイト］

質的比較分析（QCA）（http://park18.wakwak.com/~mdai/qca/index.html）
　［森大輔先生によるQCA情報提供サイト］

索　引

英数

4枚カード問題 ………………………… 23
csQCA …………………………………… 32
fsQCA ………………………… 4, 101, 113
fs/QCAソフトウェア ………… xii, 31, 127
INUS …………………………………… 196
MDSO …………………………………… 185
MSDO …………………………………… 185
mvQCA ………………………………… 27
PRI ………… 114, 116, 118, 129, 165, 168, 192
PRI基準 ………………………………… 116
RoN ……………………………………… 79
set-theoretic approach ………………… v
SUIN …………………………………… 197
XYプロット ……………………… 126, 131

あ

逸脱事例 ………………………………… 181
因果関係 ………………………………… 26
因果推論 …………………………… 26, 181
因果対称性 ……………………………… 8
因果非対称性 ………………………… 9, 12
因果複雑性 ……………………………… 12
因果メカニズム ………………………… 181
ウェイソン選択課題 …………………… 23
裏命題 …………………………………… 9

か

解 ………………………………………… 7
解項 ……………………………………… 15
解整合度 …………………………… 64, 70
解被覆度 ……………………… 64, 70, 83
加法性 …………………………………… 9
カルノー図 ……………………… 86, 205
感度分析 ………………………………… 188
完備真理値表 …………………………… 117

簡略解 …………………………………… 84
疑似相関 ………………………………… 26
逆命題 …………………………………… 9
キャリブレーション …… 33, 36, 68, 104, 137, 188
グラウンデッドセオリーアプローチ … 181
クロスオーバーポイント …… 105, 137, 138, 188, 189
クワイン・マクラスキー法 ………… 62, 205
ケーススタディ ………………………… 181
結果 ………………………………… 3, 43
「結果あり」の判断 ……………… 49, 114
結果未発生度 …………………………… 176
結合因果 …………………………… 12, 13
決定係数 …………………………… 25, 83
決定論 …………………………………… 28
欠落変数バイアス ……………………… 186
限定的多様性 …………………………… 51
コア条件 ………………………………… 98
項 ………………………………………… 15
交互作用 ………………………………… i, 9
較正 ……………………………………… 33
交絡因果 ………………………………… 27
交絡的影響 ……………………………… 9
固有被覆度 …………………… 65, 66, 70, 125
困難な反事実 …………………………… 85

さ

最簡解 ………… 60, 84, 89, 92, 94, 99, 121, 193
最小化 …………………………… 60, 203
最大曖昧点 …………… 105, 137, 138, 189
散布図 …………………………………… 127
サンプリング …………………………… 68, 186
サンプルサイズ ………… 19, 35, 180, 187
重回帰分析 ……………………………… i
集合論 …………………………………… iii
集合論的方法 …………………………… v

従属変数 ･････････････････････････ 6
十分条件 ････････････････････ 20, 141, 151
十分条件の整合度 ･･････････ 65, 81, 159, 161
十分条件の被覆度 ･･････････････ 82, 172
十分条件分析 ･･････････････････ 46, 110
周辺条件 ･････････････････････････ 98
縮約 ･････････････････････････････ 60
準十分 ･･････････････････････････ 25, 81
上位四分位点 ･････････････････････ 189
条件 ･･････････････････････････ 3, 35, 44
条件構成 ･･････････････････････ 7, 181
条件構成への割り当て ･･････････････ 206
条件交絡 ･････････････････････････ 13
事例 ･･････････････････････････････ 3
事例志向アプローチ ････････････････ 83
事例数 ･･････････････････････････ 187
事例知識 ････････････････････････ 95
事例分析 ･････････････････････････ 4
真偽表 ･･････････････････････････ 7
真理値表 ････････････････････････ 5, 6
真理値表分析 ･･･････････････････ 46
真理表 ･･･････････････････････････ 7
整合度 ･･････････････････････ 110, 125
整合度基準 ･･･････････ 53, 115, 116, 191, 195
節倹解 ･･････････････････････････ 84
節倹性 ･･････････････････････････ 99
節約解 ･･････････････････････････ 84
線形回帰 ･･･････････････････････ 9, 157
相関関係 ････････････････････････ 26
相乗効果 ･･･････････････････････････ i
属性 ･･････････････････････････････ 3
属性空間 ･･･････････････････････ 206
属性値 ･･････････････････ 105, 137, 138, 146
素整合度 ･･････････････････････ 66, 70
素被覆度 ･･･････････････････ 65, 70, 125

た

第Ⅰ種過誤 ･････････････････････ 10, 28
第Ⅱ種過誤 ･････････････････････ 10, 28
対偶命題 ･･･････････････････････ 9, 24

中央値 ･･････････････････････････ 189
中間解 ････････････ 60, 85, 89, 91, 94, 99, 121, 193
直接法 ･･････････････････････････ 189
典型事例 ･･･････････････････････ 181
等結果性 ･･････････････････････ 10, 12, 17
同時部分集合関係 ･･･････････････ 129, 165
統制変数 ････････････････････････ 186
度数基準 ･･････････････････ 52, 114, 116, 190
取るに足りない必要条件 ･･････････ 78, 195

は

範囲条件 ･･･････････････････････ 187
反事実仮定 ･････････････ 57, 84, 94, 99, 183
反事実分析 ････････････････････ 57, 194
反実仮想 ････････････････････････ 58
必要十分条件 ･････････････････ 21, 156
必要条件 ･･････････････ 20, 21, 25, 143, 154
必要条件の整合度 ･･･････････ 45, 75, 173, 175
必要条件の取るに足りなさ ････････････ 78
必要条件の被覆度 ･･･････････ 45, 76, 176, 178
必要条件分析 ･････････････････ 42, 108
必要性の関連性 ････････････････ 78, 79
否定 ････････････････････････ xiv, 139, 146
被覆度 ･････････････････････････ 110
ファジィ集合 ････････････････････ 136
ファジィ集合QCA ･･････････････････ 4, 101
ファジィ論理 ････････････････････ 136
ブール代数 ･････････････････････････ iii
不完備真理値表 ･････････････ 49, 50, 88, 111
複合研究法 ･････････････････････ 181
複雑解 ･･･････････ 60, 84, 89, 91, 94, 99, 121, 193
不整合減少率 ････････ 114, 116, 118, 165, 168, 192
平均値 ･････････････････････････ 189
ベイチ図 ････････････････････････ 86
ベン図 ･･････････････････････････ 21
変数 ･･･････････････････････････ 47
変数志向アプローチ ･････････････････ 83
方向性期待 ･････････････ 46, 58, 94, 99, 119, 194
補完性 ･････････････････････････ 16
星取表 ･････････････････････････ 15, 70

保守解 ·································· 99

ま

マクロ条件 ···························· 184
マルチ・バリューQCA ················· 27
矛盾行 ···························· 51, 200
矛盾する条件構成 ······················ 51
メイン画面 ···························· 41

や

容易な反事実 ·························· 85

ら

ランダムサンプリング ················ 187
リッカート尺度 ······················· 190
理論的知識 ···························· 95
ローデータ行列 ····················· 4, 68
ロジスティック関数 ·················· 189
論理学 ·································· iii
論理残余 ··············· 7, 51, 84, 88, 113, 183
論理残余行 ··························· 120
論理積 ······················ xiv, 140, 148
論理和 ······················ xiv, 140, 149

【著者略歴】

中西善信（なかにし・よしのぶ）

東洋大学経営学部教授，修士（学術），博士（経営学）1969年生まれ。京都大学理学部卒業（主として数学を修める），放送大学大学院文化科学研究科修士課程修了，神戸大学大学院経営学研究科博士後期課程修了。全日本空輸株式会社，長崎大学経済学部准教授，東洋大学経営学部准教授等を経て，2024年より現職。

〈主要業績〉

『公共調達の組織論：正統性とアカウンタビリティの罠』（千倉書房，2022年，2022年度経営行動科学学会賞（JAASアワード）優秀研究賞（著書部門）受賞）

『知識移転のダイナミズム：実践コミュニティは国境を越えて』（白桃書房，2018年）

「経営行動科学への質的比較分析の適用：因果非対称性，条件交絡及び等結果性への着目」『経営行動科学』34(3), pp. 57-73.

ソフトウェアで学ぶ
QCA〈質的比較分析〉入門

2024年10月10日　第1版第1刷発行

著　者	中　西　善　信
発行者	山　本　　　継
発行所	㈱中　央　経　済　社
発売元	㈱中央経済グループ パブリッシング

〒101-0051　東京都千代田区神田神保町1-35
　　　　　　電話　03 (3293) 3371 (編集代表)
　　　　　　　　　03 (3293) 3381 (営業代表)
　　　　　　https://www.chuokeizai.co.jp
　　　　　　印刷／㈱堀内印刷所
　　　　　　製本／㈲井上製本所

© 2024
Printed in Japan

＊頁の「欠落」や「順序違い」などがありましたらお取り替えいたしますので発売元までご送付ください。(送料小社負担)
ISBN978-4-502-51301-5　C3034

JCOPY〈出版者著作権管理機構委託出版物〉本書を無断で複写複製（コピー）することは，著作権法上の例外を除き，禁じられています。本書をコピーされる場合は事前に出版者著作権管理機構（JCOPY）の許諾を受けてください。
　JCOPY〈https://www.jcopy.or.jp　e メール：info@jcopy.or.jp〉